V 2655.
4E б.

# ANNALES DU MUSÉE

ET DE

L'ÉCOLE MODERNE DES BEAUX-ARTS.

SECONDE COLLECTION.

―――――――――――――
**PARTIE ANCIENNE.**
―――――――――――――

**GALERIE GIUSTINIANI.**

# GALERIE GIUSTINIANI,

ou

## CATALOGUE FIGURÉ

Des Tableaux de cette célèbre Galerie, transportée d'Italie en France; accompagné d'Observations critiques et historiques, et de soixante-douze Planches gravées au trait, contenant environ cent cinquante sujets;

Rédigé par C. P. LANDON, Peintre, ancien pensionnaire de l'Académie de France à Rome; adjoint au secrétaire-perpétuel des Ecoles spéciales de Peinture et de Sculpture.

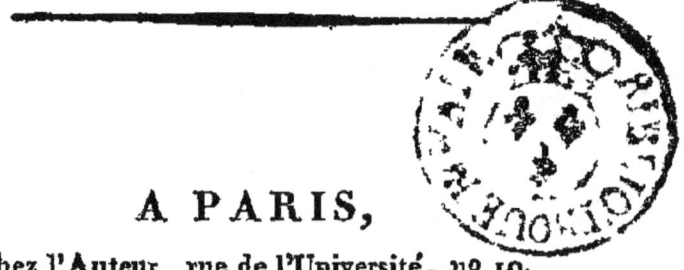

A PARIS,

Chez l'Auteur, rue de l'Université, n° 19.

IMPRIMERIE DE CHAIGNIEAU AÎNÉ.

1812.

## A Monsieur BRUYÈRE,

CHEVALIER DE L'EMPIRE, MEMBRE DE LA LÉGION-D'HONNEUR, MAÎTRE DES REQUÊTES, DIRECTEUR DES TRAVAUX PUBLICS DE PARIS, etc.

Monsieur,

Au sein d'une famille dans laquelle les talens les plus distingués sont héréditaires, chaque jour vous voyez éclore quelque nouvelle production des Beaux-Arts; des Arts qui font vos délices, que vous avez cultivés avec autant de succès que de goût, et qui seraient encore aujourd'hui l'objet de vos délassemens, si de nombreuses et importantes occupations vous laissaient quelques momens de loisir.

Le volume dont j'ai l'honneur de vous offrir l'hommage vous présentera, Monsieur, un intérêt particulier. Il contient, je ne dis pas la gravure, mais le catalogue figuré d'une ancienne Collection de tableaux des Ecoles d'Italie. La Galerie Giustiniani a toujours joui d'une grande célébrité; et si elle ne peut être mise en parallèle avec les Collections impériales, du moins on y trouve un certain nombre de morceaux d'un ordre supérieur, et sur-tout de productions d'artistes célèbres dont le Musée Napoléon ne possède encore aucun ouvrage.

J'aurai rempli mon but, si, après avoir parcouru ce volume, vous ne regrettez pas les momens de distraction qu'il vous aura causés.

Je suis avec respect,

Monsieur,

Votre très-humble et très-obéissant serviteur,

LANDON.

# AVERTISSEMENT.

Nous avons promis de faire connaître à nos lecteurs, à la suite des Galeries impériales, et comme partie essentielle de notre *deuxième Collection, section ancienne*, les principaux Musées ou Cabinets particuliers qui existent, soit à Paris, soit dans des palais ou châteaux peu éloignés de la capitale. Nous avons même annoncé dans un article du tome précédent, que les deux volumes qui doivent contenir en totalité la magnifique Galerie du palais de Malmaison ne tarderaient pas à paraître : la Collection Giustiniani devait la suivre, mais quelques circonstances nous ont obligés d'intervertir l'ordre de la publication.

La Galerie Giustiniani a été formée très-anciennement et successivement par les princes de cette maison. Protecteurs zélés des Beaux-Arts, ils tenaient de la main des peintres même la plupart des tableaux qu'ils ont recueillis. Cette précieuse Collection, transportée de Rome à Paris par le prince Giustiniani, a passé depuis peu de temps dans les mains d'un riche étranger.

Cette Galerie n'ayant jamais été gravée, nous nous sommes empressés de la publier, non-seulement parce qu'il serait possible qu'elle ne restât pas toujours en France, mais parce qu'elle se compose presque uniquement de morceaux inédits et très-dignes d'être connus.

Les princes Giustiniani avaient également formé une Galerie de sculpture antique. Cette Collection subsiste encore à Rome, et a été anciennement publiée en deux volumes in-folio. Nous n'en donnerions le *trait* réduit que dans le cas où il nous serait demandé par un nombre suffisant de souscripteurs.

Nous nous sommes entièrement conformés au catalogue qui nous a été fourni par le nouveau propriétaire de la Galerie. Ce catalogue, rédigé sur d'anciennes notes conservées dans la maison Giustiniani, et d'après le jugement de plusieurs artistes et amateurs éclairés, doit être exact; et lors même qu'il nous resterait personnellement quelques doutes sur l'authenticité d'un petit nombre de tableaux dont l'origine est peu importante, il serait inutile de chercher à faire prévaloir ici notre opinion particulière.

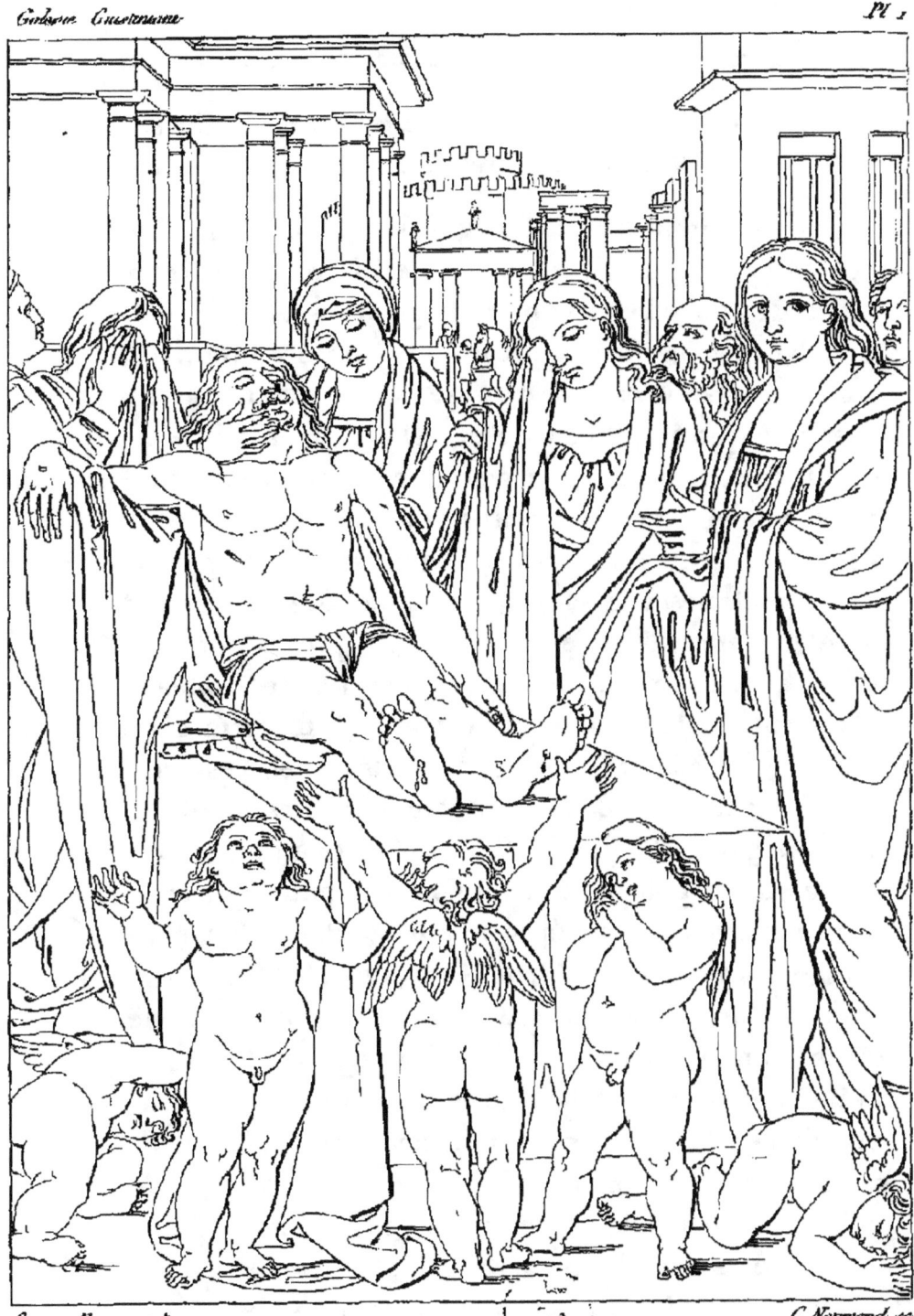

Signorelli pinx.t    C. Normand sc.

*Planche première.* — *Le Christ descendu de la Croix ; Tableau de* Luc Signorelli.

Luc Signorelli, né à Cortone vers l'an 1440, allié des Vasari d'Arezzo, fut élève de Pietro della Francesca. Il a mis beaucoup d'imagination et d'expression dans ses ouvrages ; il est même un des premiers, parmi les peintres toscans, qui aient dessiné le nu avec quelque intelligence, et selon les principes de l'anatomie, mais avec un peu de roideur et de sécheresse. Michel-Ange en faisait beaucoup de cas ; il ne se fit pas scrupule d'emprunter, pour son Jugement dernier, quelques-unes des figures dont Signorelli avait orné le dôme d'Orviette, dans la représentation du même sujet: ce n'est pas que la plupart de ses tableaux se fassent remarquer par un beau choix de formes, ni par un coloris harmonieux ; mais dans quelques-uns, et principalement dans la Communion des Apôtres, qu'il peignit à l'église du *Jesus* à Tortone, on trouve une certaine grâce, et une union de teintes qui semblent appartenir à une époque plus moderne de l'art.

Signorelli travailla à Urbin, à Volterre, à Florence, et dans plusieurs autres villes. Son fils, jeune homme d'une grande espérance, et qu'il aimait tendrement, ayant été tué à Cortone, cette mort le plongea dans une douleur amère ; mais loin d'y succomber, il fit apporter dans son cabinet le cadavre de son fils, et le peignit, pour lui donner en quelque sorte une seconde vie par le secours de son art.

Appelé dans la suite à Rome par le pape Sixte IV, il

peignit, par ordre de ce pontife, le Voyage de Moyse avec Séphora, et la Présentation des Tables de la Loi. Vasari et Taia, qui a publié la description du palais du Vatican, ne font pas difficulté de donner à Signorelli la préférence sur tous les peintres de son temps. L'éloge paraît exagéré, mais cet artiste ne le cède à aucun de ceux que l'on citait alors.

Ayant amassé une grande fortune, Signorelli revint dans sa patrie, où il ne s'occupa plus de la peinture que pour son amusement. Il mourut en 1521, âgé de 82 ans.

Deux de ses élèves se sont distingués : le premier est Thommaso Bernabei, qui suivit exactement la manière de son maître ; l'autre est Turpino Zaccagna, qui adopta un autre style.

Le tableau dont nous donnons ici le trait est très-remarquable par son ancienneté, et présente en quelque sorte un monument chronologique de la peinture. Le Christ, descendu de la croix, est entouré des saintes Femmes, de S. Jean, de Joseph d'Arimathie, et de plusieurs Anges qui témoignent par leurs larmes la plus vive affliction.

Ce tableau, dont Vasari a donné la description dans la vie de Luc Signorelli, a été fait pour l'église de Castiglione-Aretius, dans la Toscane. Il est peint sur toile, et a 79 pouces de hauteur sur 44 de largeur.

Le Musée Napoléon ne possède aucun tableau de ce maître.

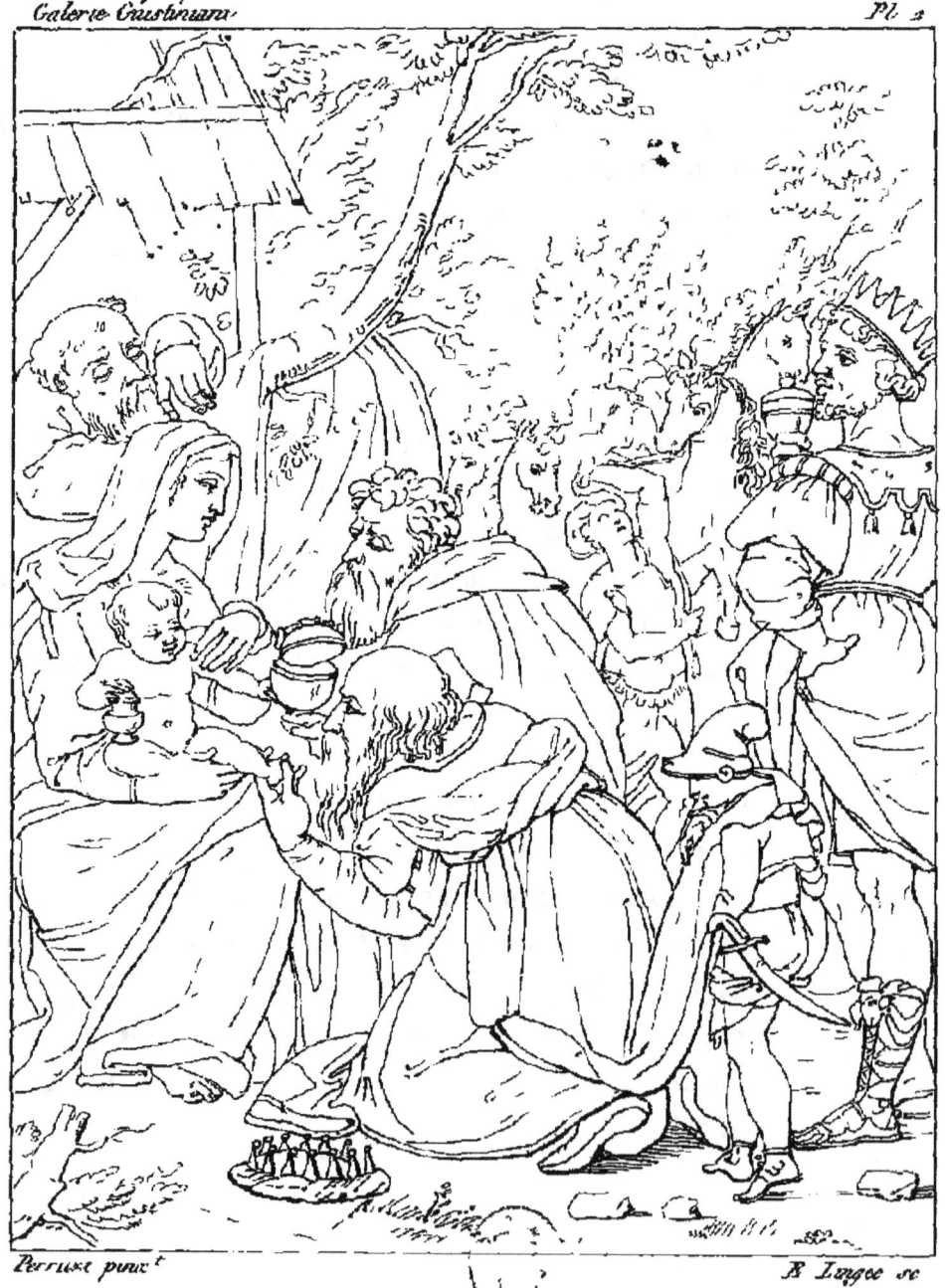

*Planche deuxième.* — *L'Adoration des Mages ; Tableau de* Balthazar Peruzzi.

L'Enfant Jésus, assis sur les genoux de sa mère, reçoit l'offrande qui lui est présentée par les deux Mages prosternés devant lui. Le troisième est debout, et tient dans sa main droite le vase de parfums dont il veut faire hommage au divin Messie. Derrière la Vierge est S. Joseph, le bras élevé et posé sur un tronc d'arbre. On voit dans le fond des esclaves, des chevaux et tout ce qui compose le cortège des trois Mages.

Ce petit tableau, ouvrage d'un des plus heureux imitateurs de Raphaël, rappelle, sur-tout par le caractère des profils de la Vierge et des deux vieillards, la manière du grand peintre que Balthazar Peruzzi avait pris pour modèle. Il en approche souvent sous le rapport du style et du goût dans la composition, il en diffère pour le coloris : celui de Raphael est plus vigoureux, la douceur du pinceau distingue principalement les tableaux de Peruzzi.

Le Musée Napoléon possède un seul tableau de ce maître. ( Il a été cité dans le tome VIII de la première Collection de ces *Annales*, pl. 58, page 123, et on y a joint une notice sur Balthazar Peruzzi.) Ses tableaux à l'huile sont rares. Cependant il paraîtrait avoir traité plusieurs fois le sujet dont nous donnons ici l'esquisse. Il y en avait un à Florence, un autre à Parme, un troisième à Bologne ; mais, selon le témoignage de Vasari, ils avaient été exécutés et coloriés par Jérôme de Trevigi, sur une grisaille de la main de Balthazar. Le même auteur ajoute avoir entendu dire à Bologne que le tableau de Jérôme avait été perdu dans un naufrage, et que celui qui se voyait de son temps chez MM. Rizzardi était une copie faite par un autre peintre. On regarde comme le chef-d'œuvre de Peruzzi le tableau de la Présentation, qu'il peignit à fresque dans l'église de *Sainte-Marie-de-la-Paix*, à Rome. Il est très-remarquable par l'originalité de la composition et l'expression des figures. Annibal Carache l'avait dessiné; il en faisait un objet d'étude.

Le tableau de l'Adoration des Mages est peint sur bois: hauteur 24 pouces, largeur 18.

---

Les diverses dimensions des tableaux de la Galerie Giustiniani, et le parti que nous avons pris de réunir plusieurs sujets sur une même planche, pour ne former qu'un seul tome, n'ont pas permis de les ranger par écoles et œuvres de maître; mais l'ordre est rétabli dans la table qui se trouve à la fin du volume.

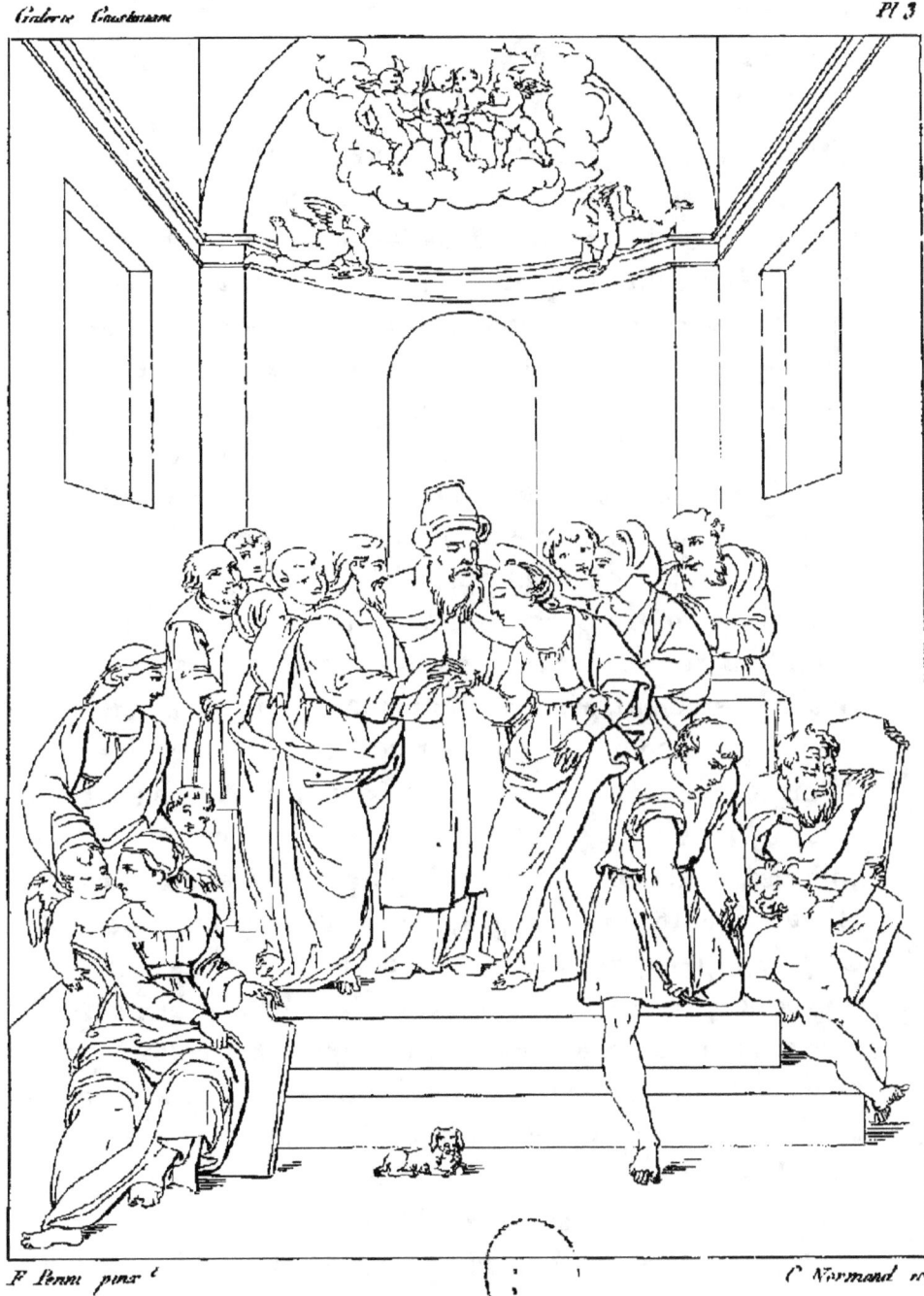

F. Penni pinx.^t    C. Normand sc.

*Planche troisième.* — Le Mariage de la Vierge ; Tableau de J.-F. Penni.

Une grande simplicité d'action et de composition, une grâce particulière dans le choix des attitudes, de la gravité, de la douceur dans l'expression des caractères, telles sont les qualités qui distinguent ce charmant tableau. On y trouve encore la fermeté du pinceau, jointe à un coloris vigoureux qui ne laisse à desirer qu'un peu plus de finesse dans le ton local des carnations, plus de fraîcheur dans les demi-teintes. Les têtes de femmes sur-tout sont dignes du pinceau de Raphael, dont Jean-François Penni fut tout à-la-fois l'imitateur fidèle et le disciple chéri.

Le grand-prêtre Zacharie bénit l'union de la Vierge et de S. Joseph ; ils sont entourés de plusieurs assistans qui semblent pénétrés du respect qu'inspire cette auguste cérémonie. Un des prétendans de la Vierge s'éloigne avec dépit et brise sa baguette. De chaque côté de l'autel le peintre a placé des personnages symboliques. A gauche, est une sibylle, à droite, un prophète, accompagnés d'anges, et écrivant sur des tables. Le peintre les a sans doute introduits dans cette scène mystique pour exprimer l'accomplissement prochain d'un grand mystère annoncé depuis plusieurs siècles. Il y a seize figures dans cette composition ; elles sont toutes rendues avec le soin et le fini qu'on peut desirer dans un tableau de chevalet. Celui-ci est peint sur bois, et a 28 pouces de haut sur 22 de large.

On ne voit au Musée Napoléon aucun tableau de François Penni.

Ce peintre, surnommé *il Fattore*, parce qu'étant entré fort jeune dans l'école de Raphaël, il y était chargé d'un service intérieur, et que, depuis, Raphaël lui confia le soin de ses affaires domestiques, naquit à Florence en 1488. Il fit de rapides progrès dans le dessin, et fut celui des élèves de Raphaël qui travailla le plus aux cartons des tapisseries du Vatican. Il peignit aussi, dans les loges de ce palais, quelques sujets de l'histoire d'Abraham et d'Isaac, et termina, après la mort de Raphaël, plusieurs ouvrages que ce maître avait laissés imparfaits. Il a peint un grand nombre de morceaux de son invention; mais la plupart de ses fresques ne subsistent plus, et ses autres tableaux sont devenus rares, ou restent inconnus. Penni eut une imagination abondante, une exécution gracieuse, et un talent particulier pour le paysage. Ayant partagé avec Jules-Romain l'héritage de Raphael, il l'alla trouver à Mantoue, dans l'intention de s'associer avec lui; mais ayant été froidement accueilli, il prit le parti de se rendre à Naples. Penni était d'une santé délicate; l'air de cette ville ne lui étant point favorable, peu de temps après son arrivée il mourut, en 1528. Il y avait apporté une grande copie de la Transfiguration de Raphaël, qu'il avait faite avec Perrin del Vaga, son condisciple et son beau frère. Ce tableau fut placé dans l'église du S.-Esprit, où il servait d'étude à tous les peintres d'alors. François Penni eut un frère, nommé *Luca*, beaucoup moins habile que lui.

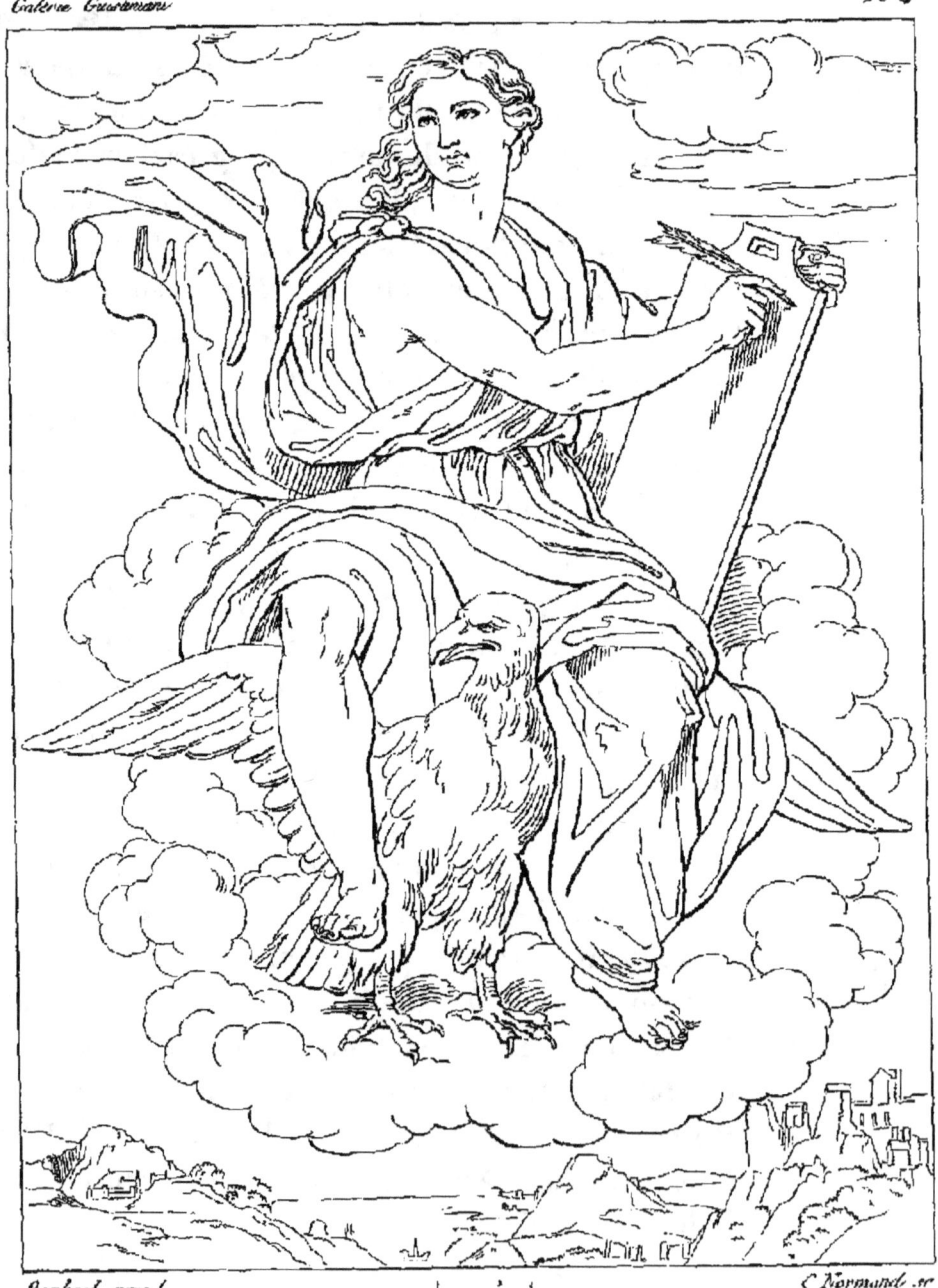

*Planche quatrième.* — *S. Jean ravi au Ciel ; Tableau de* Raphaël.

En représentant un homme qu'un aigle soutient et transporte dans les airs, Raphaël s'est permis une licence que son sujet autorise. On cessera d'être choqué de voir un oiseau, quelque fort qu'il soit, planer dans l'espace avec un pareil fardeau, si l'on songe que Raphael a voulu peindre S. Jean composant l'Apocalypse, et livré à l'inspiration divine.

Le saint évangéliste tient de la main gauche une tablette, sur laquelle il se prépare à écrire. Son vêtement se compose d'une tunique bleue glacée de blanc, attachée par un nœud au-dessus de l'épaule droite, qu'elle laisse entièrement nue, et d'une ample draperie d'un ton violâtre, aussi glacée de blanc, dont le vent soulève la partie supérieure.

On ne peut se refuser à un sentiment d'admiration lorsque l'on considère cette figure où brillent le grandiose et la beauté des formes, l'affabilité, la douceur et une noble et élégante simplicité, qualités distinctives de tous les ouvrages qui sont sortis de la main de Raphaël.

Deux tableaux du même sujet, et absolument semblables, attribués l'un et l'autre à Raphaël, sont depuis long-temps connus. Le premier faisait partie de la Collection du Roi, le second est celui dont nous donnons ici le trait. Sont-ils tous deux de la main du maître, qui se serait répété, comme cela arrive assez souvent ? l'un a-t-il été copié d'après l'autre par un de ses élèves ?

nous ne chercherons point à décider la question. Quant à la composition et au dessin, on ne remarque entre les deux tableaux aucune différence sensible, sinon dans quelques détails peu importans. Le S. Jean de la Collection du Roi est peint sur bois; d'un ton plus vigoureux, mais un peu outré, d'une touche plus ferme, mais un peu dure. Celui de la Galerie Giustiniani est peint sur toile; il offre plus de suavité dans le coloris, plus de moëlleux dans le pinceau. Quelques *repentirs* que l'on remarque dans ce dernier, à plusieurs endroits, semblent annoncer une production originale; au surplus, il est incontestable que si les deux tableaux sont de la main de Raphaël, ils ont été peints à des époques très-éloignées, vu l'extrême différence qui existe entre les deux manières.

Les amateurs ne seront plus à même de fixer leur opinion par la comparaison des deux ouvrages : celui qui faisait autrefois partie du cabinet du roi, a été donné par le gouvernement au Musée central de Marseille.

Le tableau de *S. Jean ravi au ciel*, de la Galerie Giustiniani, a 7 pieds 4 pouces de hauteur sur 6 pieds 6 pouces de largeur.

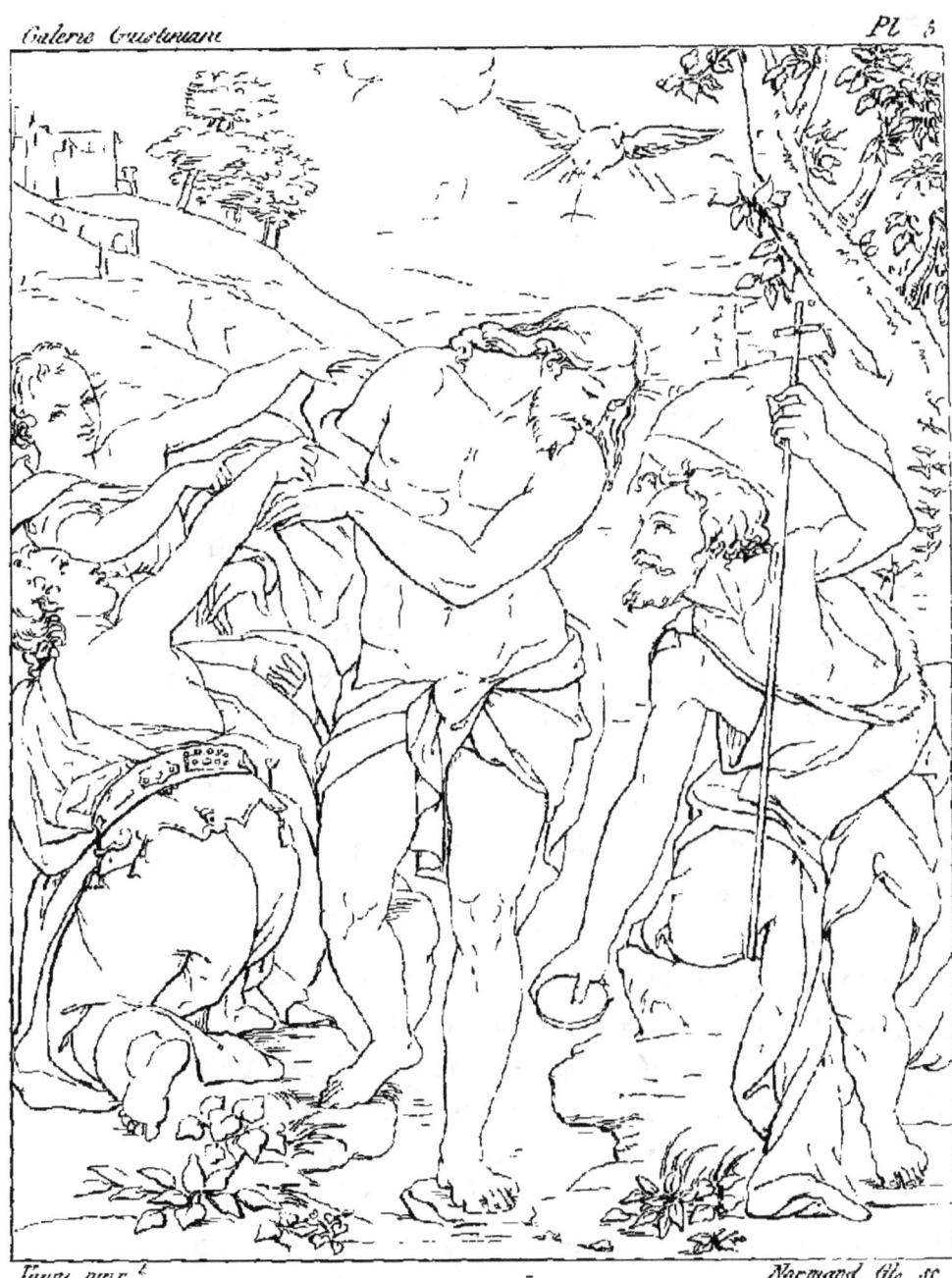

*Planche cinquième.* — *Le Baptême de Notre-Seigneur ;*
*par* Francesco Vanni.

S. Jean baptise N. S. sur les bords du Jourdain ; il pose un genou en terre, et levant les yeux vers le Sauveur, il se baisse pour puiser de l'eau du fleuve. J. C. est debout ; ses yeux sont doucement inclinés vers la terre. A sa droite, deux Anges, dont l'un est prosterné, le dépouillent de ses vêtemens. Ce groupe se détache d'une manière brillante sur un fond de paysage dont l'horizon est très-élevé. Le ciel présente une gloire au milieu de laquelle plane le S.-Esprit.

Des contours fermes et assurés, un coloris frais, une touche fondue, un effet lumineux distinguent cette production d'un peintre que l'on regarde généralement comme le premier de l'école de Sienne. Les attitudes paraissent un peu tourmentées, et n'offrent pas cette noble et grave simplicité qui convient spécialement aux sujets mystiques, et dont Raphaël, le Dominiquin, le Poussin, et quelques autres maîtres, ont laissé de parfaits modèles.

Ce tableau, peint sur toile, a, sur sa hauteur, 4 pieds 11 pouces, sur sa largeur, 3 pieds 9 pouces.

Nous avons donné, dans un des volumes précédens, une notice sur Francesco Vanni, et cité parmi ses élèves Michel-Ange Vanni, et Raphaël Vanni, ses deux fils. Ce dernier, étant demeuré orphelin à l'âge de 13 ans, fut recommandé à Antoine Carache ; ses progrès firent présumer qu'il surpasserait son père, mais la réputation de Francesco a prévalu. On accorde à Raphaël Vanni un dessin grandiose, une manière de peindre et de placer ses ombres qui tient de celle des Caraches, et ne laisse pas d'avoir quelque rapport avec le goût de Piètre de Cortone, qui eut de son temps un grand nombre d'imitateurs; c'est ce qu'on remarque sur-tout dans un tableau de la naissance de la Vierge, que Raphaël Vanni peignit pour l'église de Sainte-Marie-de-la-Paix, à Rome. Ses ouvrages sont répandus dans la Toscane. On voit à Pise, dans l'église de Sainte-Catherine, un tableau représentant cette sainte; à Florence, les peintures de la salle Riccardi; à S.-Georges de Sienne, le Portement de Croix. Ces trois morceaux passent pour les principales productions de Raphaël Vanni; le dernier est regardé comme son chef-d'œuvre.

*( La fin à l'article suivant. )*

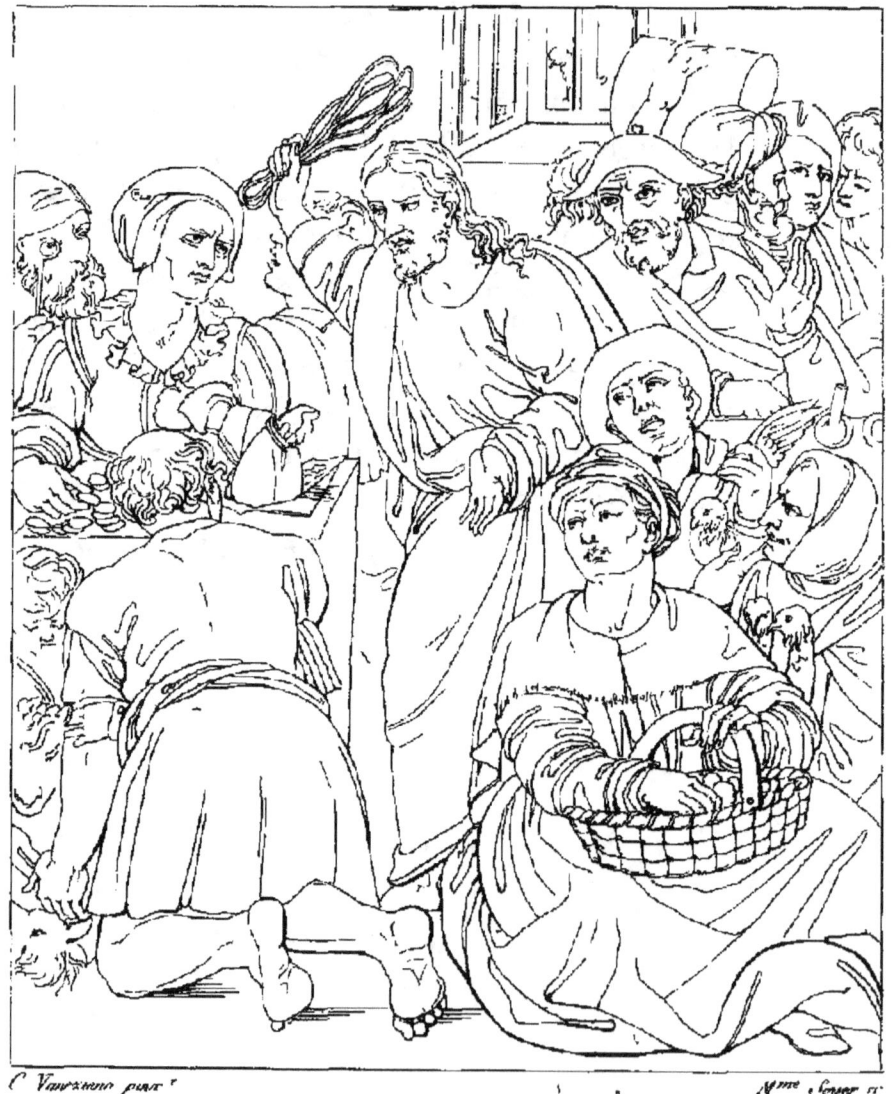

*Planche sixième.* — *Jésus-Christ chassant les Vendeurs du Temple ; par* C. Veneziano.

Carlo Saracino, surnommé Carlo Veneziano, du nom de sa ville natale, s'attacha particulièrement, ainsi que nous l'avons déjà remarqué (*Annales du Musée*, II⁰ Collection, partie ancienne, tome 2), à s'approprier la manière du Caravage; c'est dans ce style qu'il exécuta les nombreux ouvrages qu'il a laissés dans plusieurs églises de Rome. Il est vrai que Saracino ne put jamais atteindre à la vigueur de coloris du maître qu'il avait pris pour modèle; mais dans tous ses tableaux, et particulièrement dans celui-ci, on trouve une originalité d'exécution qui le fait remarquer, une grande vérité dans les détails, un dessin ferme, des expressions vraies qui ne laissent à desirer que de l'élégance et de la noblesse.

Les figures de ce tableau sont de grandeur naturelle. Il est peint sur toile, et a 7 pieds de hauteur sur 6 et demi de largeur.

*Fin de la notice sur François Vanni.*

Michel-Ange Vanni, frère aîné de Raphaël, inventa l'art de teindre les marbres et la pierre en diverses couleurs. Après la mort de son père, il lui avait élevé un tombeau décoré de cette manière, et dont l'exécution lui fit honneur. Ces deux peintres furent admis, ainsi que l'avait été Francesco, au rang de chevalier. Le plus jeune des deux était le plus digne de cette distinction flatteuse.

On cite encore un peintre du nom de Vanni : Jean-

Baptiste, né à Florence, selon les uns, selon les autres à Pise ; né en 1596, et mort en 1660. Après avoir reçu des leçons d'Empoli et de quelques autres maîtres, il passa plusieurs années chez Allori. Il prit chez ce dernier un bon goût de coloris, visita les principales écoles d'Italie, fit dans chacune quelques copies ou quelques dessins, s'attacha sur-tout au Titien, au Corrège, à Paul Véronèse ; cependant, faute de conduite ou de fermeté dans ses principes, il se négligea singulièrement, devint maniéré, et ne produisit rien de remarquable.

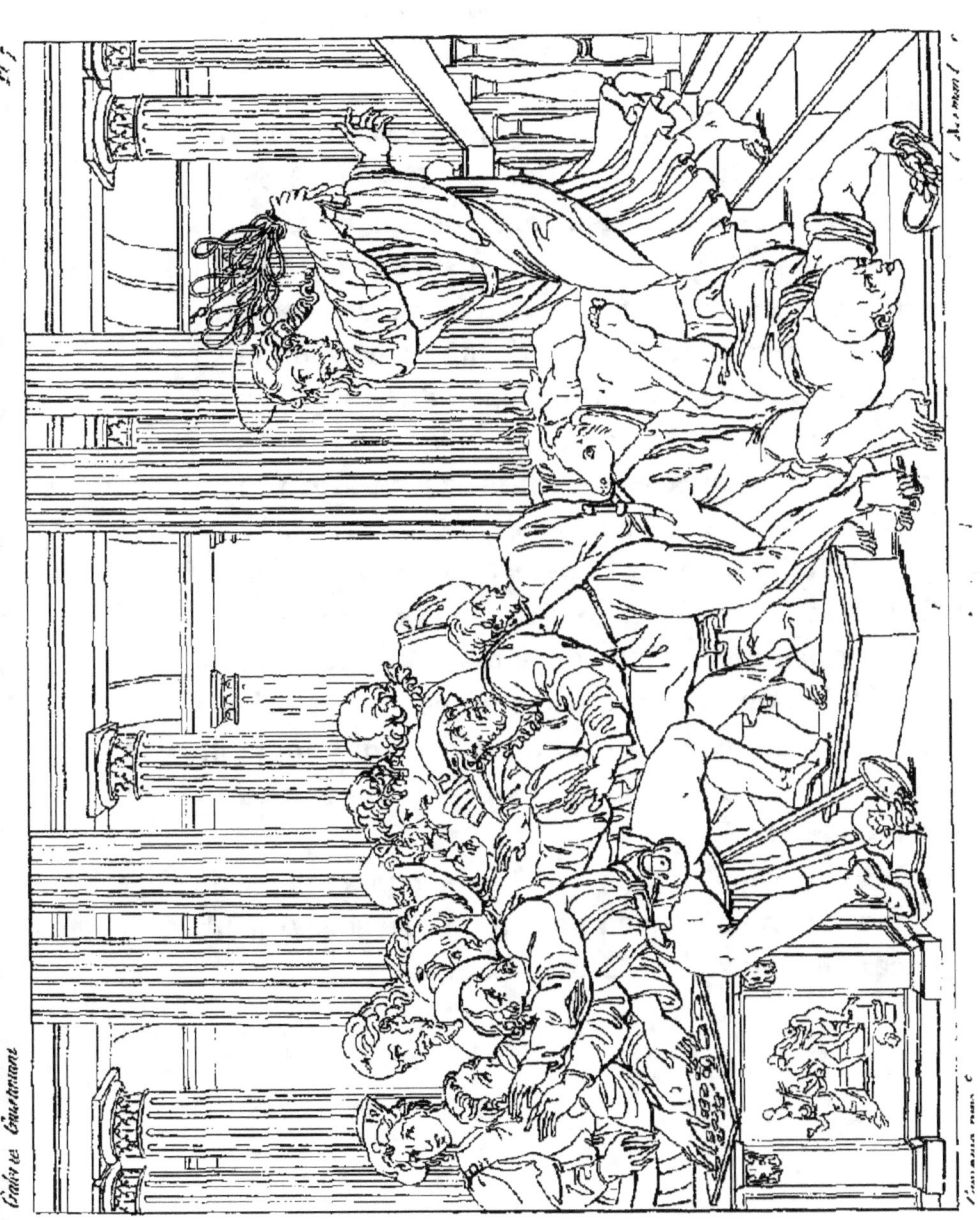

*Planche septième.* — *Jesus-Christ chassant les Vendeurs du Temple ;* par J. Campino.

Cette composition, riche et nombreuse, rend avec beaucoup de vérité l'indignation du Fils de Dieu en voyant ainsi profaner le lieu saint; le mouvement de cette multitude de personnages, la surprise et l'effroi dont ils sont frappés. Ce tableau, d'une exécution précieuse, et d'un ton de couleur chaud et harmonieux, offre, chose assez rare, un mélange du goût flamand et de la manière du Caravage.

Les catalogues anciens de la maison de Giustiniani attribuent cette peinture à l'école du Caravage. Il est très-probable qu'elle est l'ouvrage de Jean Campino, de Camerino, dans l'Etat de l'Eglise. Ce peintre avait reçu les premières leçons de son art en Flandres, à l'école de Janson ; il passa ensuite quelques années à Rome ; il y augmenta le nombre des imitateurs du Caravage, et de là s'établit en Espagne, où il mourut peintre de la cour.

Le Musée Napoléon ne possède aucun tableau de Campino Celui-ci est peint sur toile : largeur 5 pieds 4 pouces, hauteur 3 pieds 10 pouces.

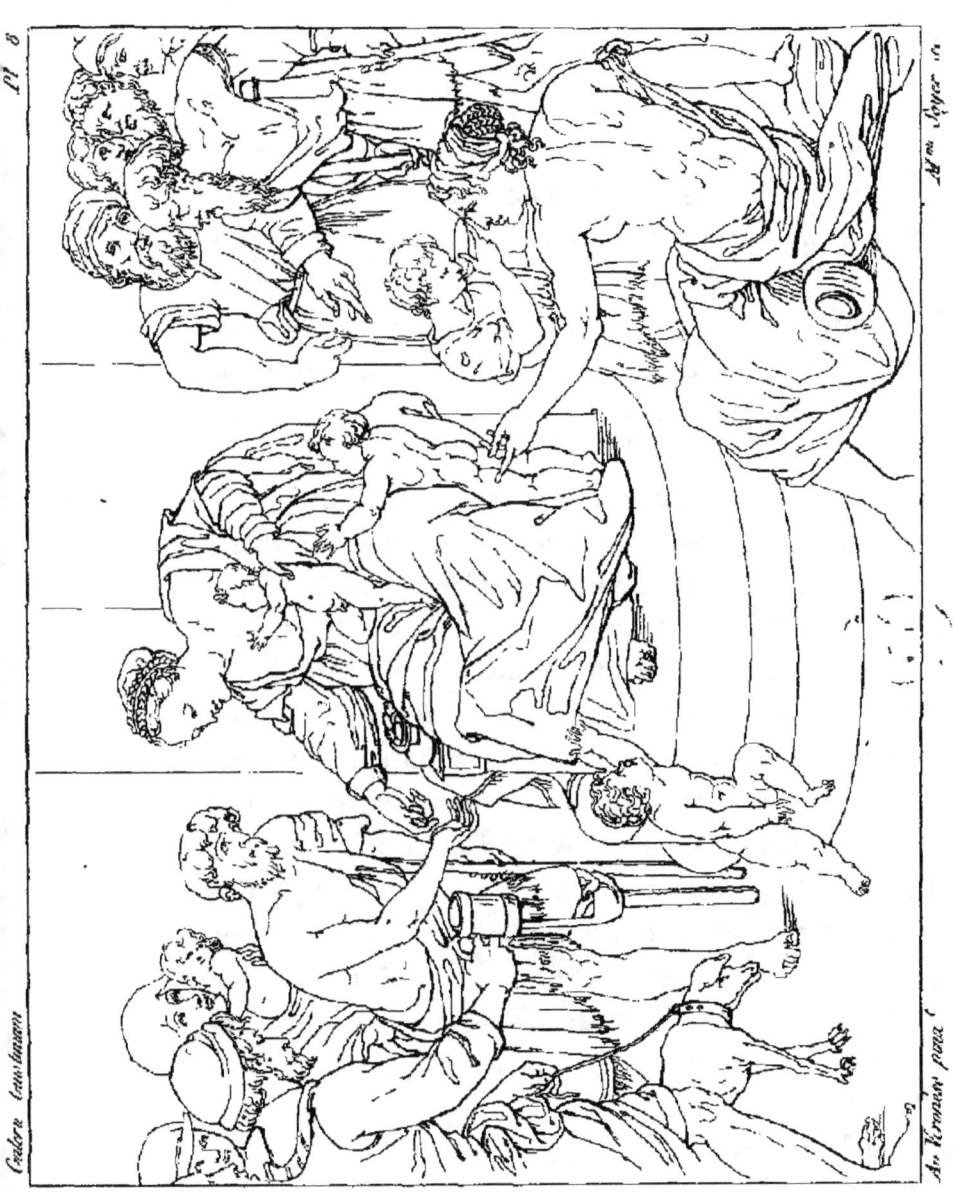

*Planche huitième.* — *La Charité; par* Alexandre Véronèse.

Après avoir passé cinq ans à Venise, dans l'école de Brusasorci, Alexandre Véronèse alla à Rome, où il se forma un style particulier, qui ne manque pas de force, mais dont l'agrément fait le principal mérite; il peignit plusieurs ouvrages en concurrence avec des élèves de l'école des Caraches, André Sacchi et Jean Berettini; mais ils ne sont nulle part en plus grand nombre qu'à Vérone, soit dans les édifices publics, soit dans les cabinets particuliers. La seule famille du marquis Girardini en possédait plusieurs d'un très-grand prix. Quelques personnes n'ont pas hésité à mettre ce peintre en balance avec Annibal Carache; mais il s'en faut beaucoup que dans l'étude du nu, où ce dernier a souvent approché de l'antique, Alexandre Véronèse ait montré le même talent que dans les figures drapées; et on ne peut pas dire qu'il ait jamais égalé le Carache dans les grandes parties de la peinture; mais il faut convenir qu'il a fait preuve d'un goût exquis et d'une habileté rare dans le choix des teintes et dans l'art de les faire valoir les unes par les autres. Plusieurs de ses tableaux, et il en a produit un grand nombre, rappellent le coloris du Titien et du Bassan.

Alexandre Turchi, plus connu sous le nom d'Alexandre Véronèse, laissa deux bons élèves, Jean Ceschini, et Jean-Baptiste Rossi, dit *il Gobbino*. Le premier a fait, d'après son maître, plusieurs copies qu'on prendrait pour les originaux. L'un et l'autre ont travaillé à Vérone, mais leur talent et leur réputation diminuèrent à mesure qu'ils avancèrent en âge.

Les peintres et les sculpteurs ont coutume de représenter la Charité d'une manière allégorique, en se restreignant à la représentation d'une seule femme accompagnée de deux ou trois enfans. Alexandre Véronèse a composé une espèce de tableau historique. La Charité s'offre sous les traits d'une belle femme, richement vêtue ; elle est assise sur un trône, et entourée de pauvres qui reçoivent ses largesses ; elle tient dans ses bras un enfant qu'elle allaite, tandis qu'un autre, auprès d'elle, et un troisème, assis sur le premier degré du trône, semblent implorer son secours.

Ce tableau, composé de plus de quinze figures, est peint sur toile, et a trois pieds de haut sur quatre de large.

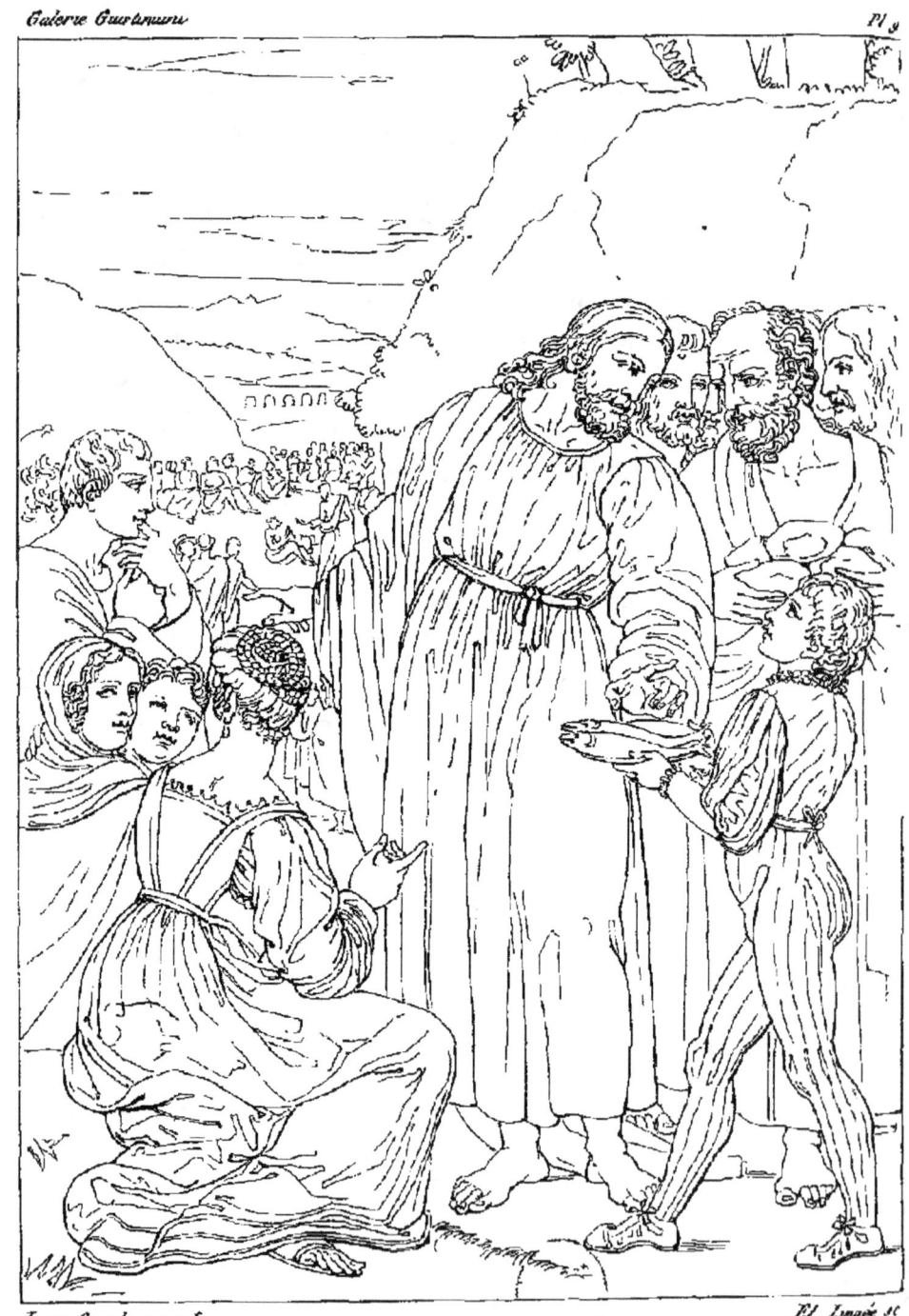

Louis Carache pinx.t   El Zingée sc

*Planche neuvième. — La Multiplication des Pains ;*
*Tableau de* Louis Carache.

Le peintre a représenté le moment où le peuple attend avec joie et admiration le miracle qui va s'opérer. J. C., debout au milieu de la multitude, se retourne du côté de ses disciples. L'un d'eux tient les cinq pains. Jésus bénit les poissons que lui présente un jeune homme. A droite, sur le premier plan, sont deux femmes assises. Plus loin, deux hommes, dont l'un est appuyé sur son bâton, semblent fixer toute leur attention sur le Sauveur.

Les principales figures sont au nombre de dix, et d'une proportion de forte nature. Elles sont d'un grand caractère, et donnent à l'ensemble de la composition un aspect imposant. Le coloris, ainsi que le choix des costumes, en partie modernes, et présentant un anachronisme qui a droit d'étonner de la part d'un peintre tel que Louis Carache, font présumer qu'il peignit ce tableau vers l'époque où il recevait les conseils du Tintoret.

Hauteur 8 pieds 1 pouce, largeur 5 pieds 6 pouces.

Nous avons eu tant de fois occasion de parler des Caraches dans le cours des volumes précédens, qu'il semble qu'il n'y ait plus rien à dire sur ces artistes célèbres ; cependant nous citerons ici, d'après un auteur italien (1), un parallèle dans lequel il indique les rapports et les différences qui existent entre ces trois chefs d'une même école.

(1) L. Lanzi, *Historia Pittorica della Italia.*

Les Caraches ont possédé toutes les qualités qui font les grands peintres. Ils ont excellé dans tous les genres. Habiles à traiter le paysage, ainsi que les objets de perspective et d'ornement, ils réunirent en quelque sorte sur un seul point tout ce qu'on peut desirer dans un ouvrage de l'art. On pourrait dire qu'il n'y eut pas trois Caraches, mais qu'il n'y en eut qu'un seul, comme l'attestent divers travaux qu'ils ont exécutés dans quelques galeries et dans plusieurs églises de Bologne. Pénétrés des mêmes principes, et d'accord dans l'objet de leurs études, ils concevaient, disposaient et perfectionnaient ensemble leurs travaux. On citerait nombre de tableaux qu'on ne peut attribuer à Louis plutôt qu'à Annibal, entre autres trois sujets du Nouveau Testament, que les trois frères peignirent en concurrence, et qui ont entre eux une telle conformité d'exécution, qu'on n'y trouve rien qui puisse faire reconnaître l'auteur. Quelques personnes ont remarqué que Louis a plus approché du Titien ( sans doute pour le coloris ) que n'ont fait Augustin et Annibal; qu'Augustin a plus recherché le Tintoret, et qu'Annibal s'est plus particulièrement pénétré des beautés du Corrège. Selon d'autres, les figures du premier sont d'un caractère de dessin plus swelte et plus élégant; celles du troisième d'un style plus nerveux et plus robuste; le second a tenu le milieu entre ces deux manières. A Bologne, on estimait spécialement Louis pour le grandiose de ses compositions; Annibal, pour la grâce; Augustin, pour l'invention et l'originalité.

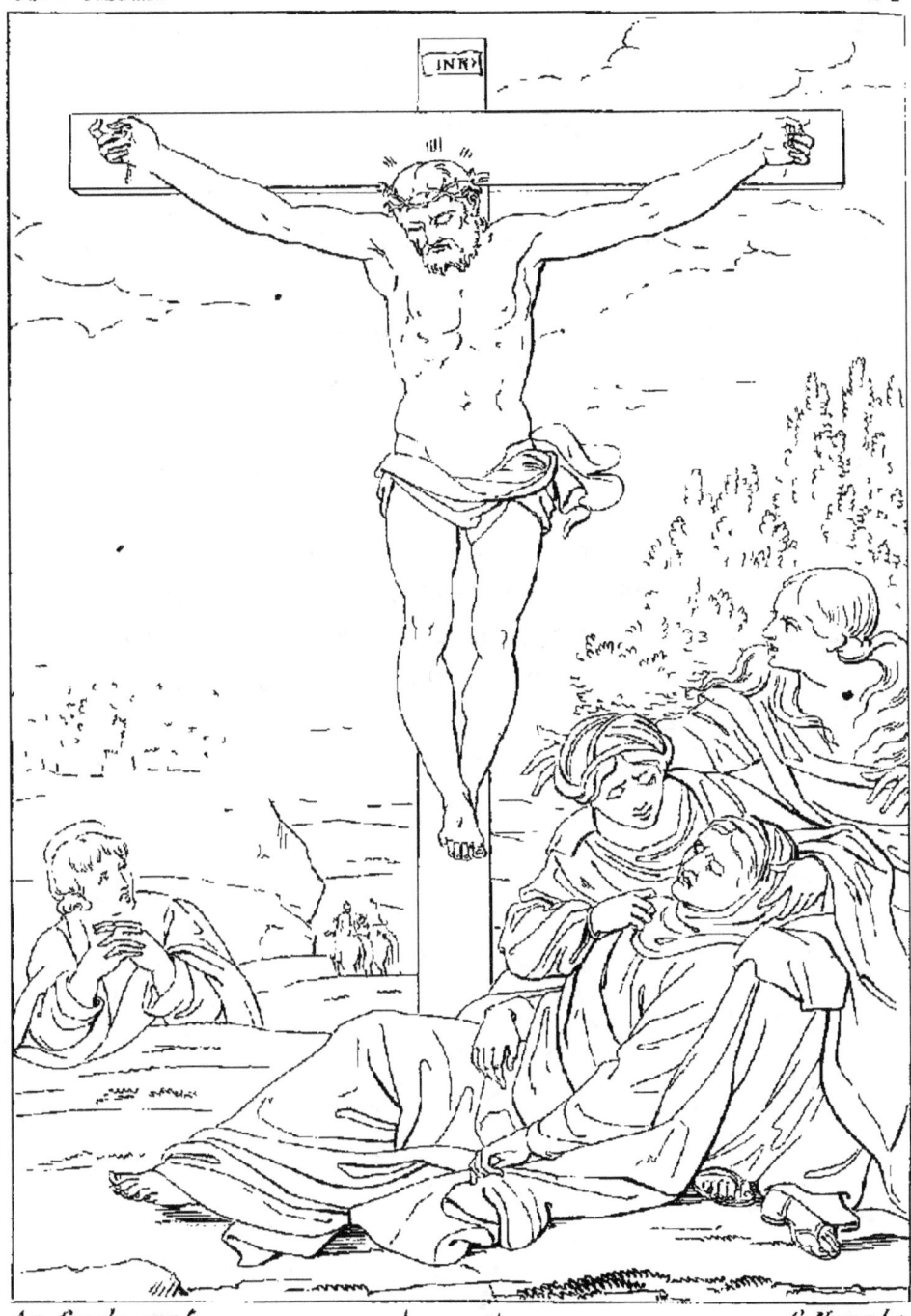

Ann Carache pinx.  C. Normand sc.

*Planche dixième.* — *Jésus-Christ en Croix ; Tableau d'*Annibal Carache.

Jésus, attaché à la Croix, vient d'expirer. Au-dessous est un groupe de trois figures, offrant la Vierge évanouie dans les bras de deux saintes Femmes. On voit, du côté opposé, S. Jean, les mains jointes, et levant les yeux vers le Christ avec le sentiment de la plus vive douleur.

Ce tableau de chevalet a 12 pouces de haut sur 8 de large.

Après la beauté de l'ensemble et l'expression des caractère en particulier, on remarque dans cette précieuse esquisse une touche ferme et savante. On lit au bas : ANNIBAL CARRATIUS, M. D. CXIIII. Cette composition a été gravée par Bloëmaërt.

Galerie Giustiniani

Pl. v

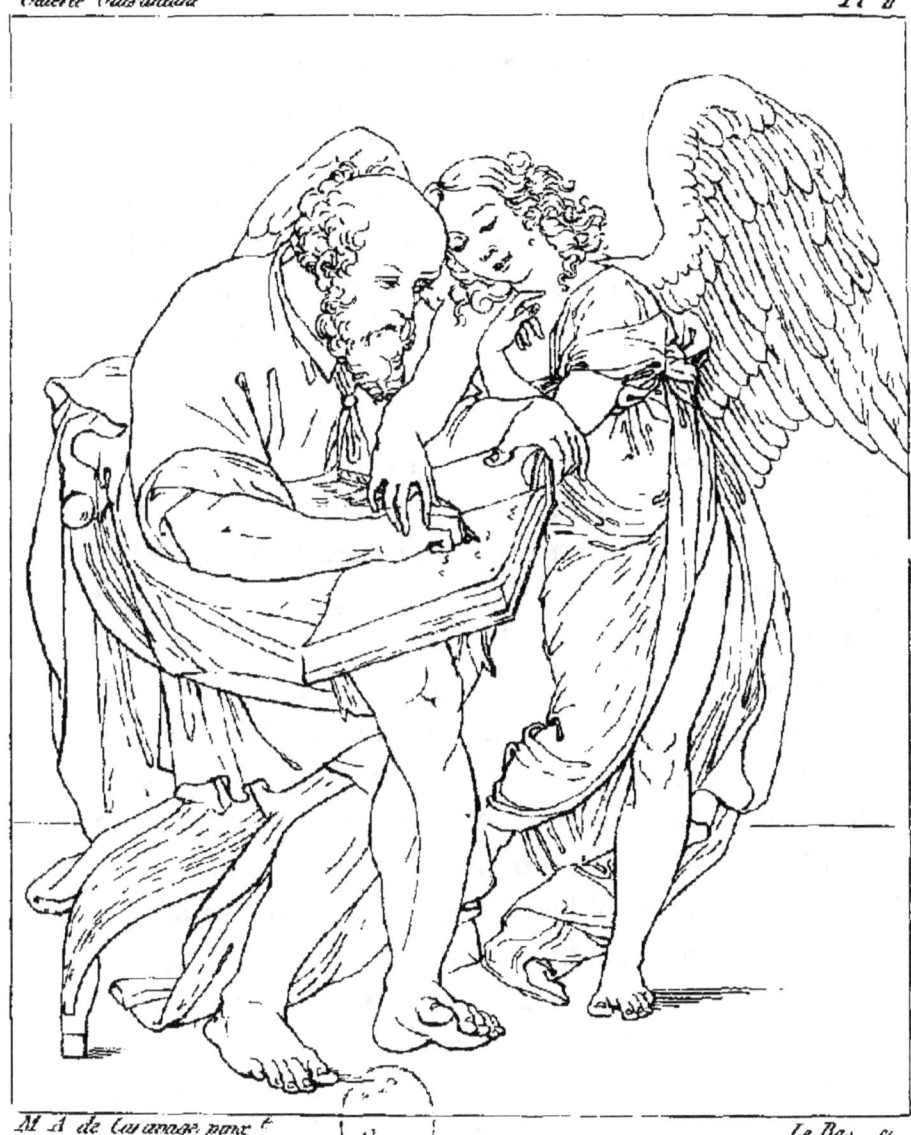

M. A. de Caravage pinx.t

Le Bas sc.

*Planche onzième.* — *S. Mathieu écrivant son évangile;* par Michel-Ange de Caravage.

S. Mathieu est représenté assis et écrivant son évangile. Un Ange est auprès de lui et semble l'inspirer. Ces deux figures, fortement modelées et coloriées, offrent des poses naturelles auxquelles une proportion demi-colossale imprime une fierté de caractère qui surprend au premier aspect. Cet effet se soutient à l'examen par la beauté du coloris, une vigueur extraordinaire de relief, et une étonnante fermeté de pinceau. Après avoir loué tous les détails de ce tableau plein de vie, auquel il ne manque que la noblesse du dessin et de l'expression, on ne peut s'empêcher de distinguer sur-tout la tête et le bras droit du saint Evangéliste, l'aile et la draperie de l'Ange, et son bras droit, dont le raccourci est admirablement senti.

Le fond du tableau est obscur, comme dans la plupart de ceux du Caravage. Les lumières répandues sur les figures sont larges et brillantes, les ombres sont plus transparentes qu'on ne les voit ordinairement dans les ouvrages de ce maître.

Ce magnifique tableau a sept pieds trois pouces de haut, sur cinq pieds huit pouces de large.

Le savant antiquaire M. Visconti, qui a fourni plusieurs notes pour un catalogue de la galerie Giustiniani, cite cette peinture comme figurant dans l'histoire de l'art. Elle devait être placée à la chapelle de S.-Mathieu, dans l'église S.-Louis des Français, à Rome. A peine le peintre l'eut-il exposée, qu'on trouva la pose du Saint commune et ignoble ; cependant Michel-Ange s'en était permis de semblables à la chapelle Sixtine (à la vérité plus heureusement développées, d'un plus grand style, et du dessin le plus savant et le plus correct) ; mais ce S. Mathieu devait servir de tableau d'autel. Le marquis Giustiniani, meilleur juge du mérite de l'ouvrage que les prêtres de S.-Louis, mit un terme à la querelle en achetant le tableau. Le Caravage en exécuta un autre pour la même église, et il y est encore ; mais, dit M. Visconti, d'après Bellori, il s'en faut beaucoup qu'il égale le premier pour la hardiesse et la force du pinceau. Cependant la figure de l'Ange est une des plus belles que le peintre ait exécutées.

Le Caravage éprouva les mêmes difficultés lorsqu'il eut terminé le tableau de la Mort de la Vierge, pour l'église de *Sainte-Marie della Scala*, à Rome. Les Carmes déchaussés, qui desservaient cette église, ne voulurent pas recevoir le tableau, parce que la figure de la Vierge morte avait l'air d'un cadavre dont le corps est extraordinairement enflé. Lanzi rapporte que quelques autres tableaux de ce peintre eurent le même sort, et furent enlevés des autels pour lesquels ils avaient été exécutés. Celui de la mort de la Vierge, que nous venons de citer, est maintenant au Musée Napoléon,

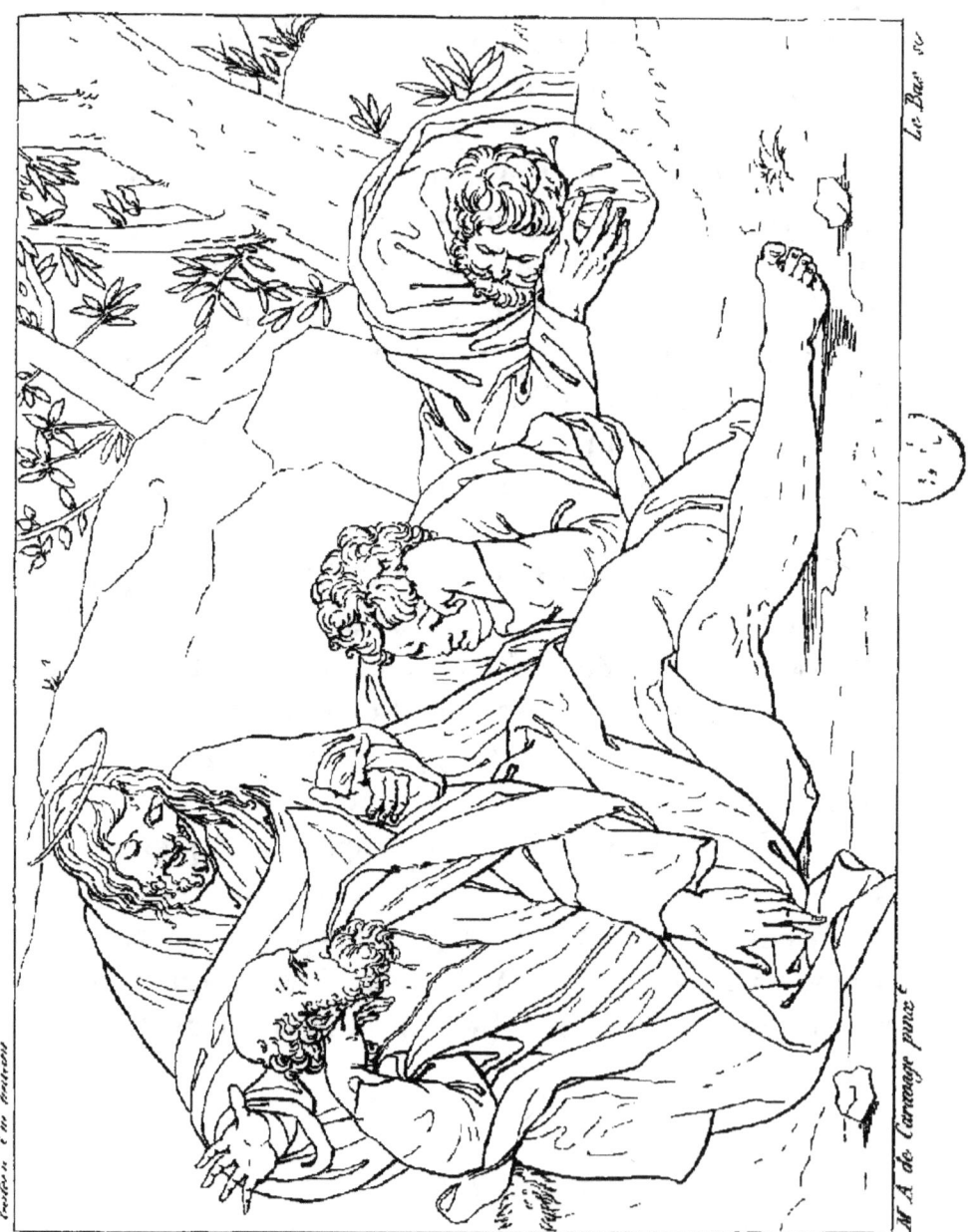

*Planche douzième.* — *Jésus-Christ au Jardin des Olives ;*
*par* Michel-Ange de Caravage.

Ce tableau représente le moment où J. C. , après avoir prié dans un lieu appelé *Gethsemani*, la nuit qui précéda sa passion, revint vers ses disciples, et les ayant trouvés endormis, dit à Pierre : *Quoi ! vous n'avez pu veiller une heure avec moi ? Veillez et priez, afin que vous ne tombiez pas dans la tentation*, etc.

Ce magnifique tableau, du coloris le plus ferme, du pinceau le plus nerveux et le plus facile, n'est pas moins remarquable que celui qui fait le sujet de l'article précédent, et que l'on doit au talent du même maitre. Ce dernier offre de plus le mérite d'un dessin correct et qui n'est pas dépourvu de noblesse, des têtes d'une expression plus relevée, des draperies d'un meilleur style ; il présente sur-tout une sûreté, une hardiesse d'exécution qu'on ne saurait trop admirer. Nous croyons inutile d'en détailler les beautés ; les connaisseurs y trouveront toutes les parties de l'art dans lesquelles Michel-Ange de Caravage a excellé, et reconnaîtront sans doute que ce tableau est du meilleur temps du peintre.

Ce tableau, peint sur toile, a de hauteur quatre pieds six pouces, et de largeur six pieds.

Nous ne donnons pas ici de notice sur Michel-Ange de Caravage, cité plusieurs fois dans les volumes précédens ; il n'en sera donné dans celui-ci que sur les artistes dont on n'a encore donné aucune composition dans le cours de l'ouvrage.

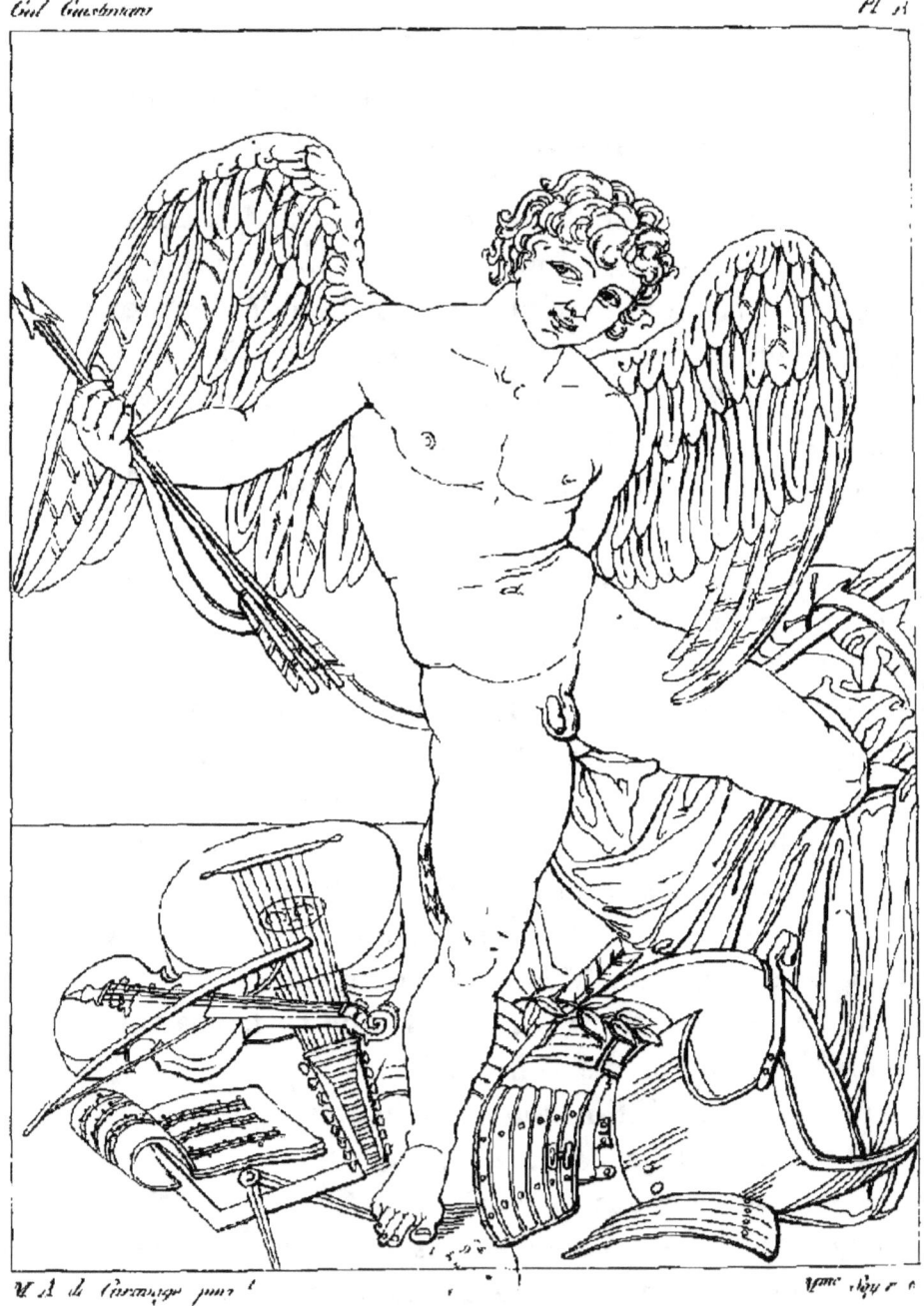

*Planche treizième.* — *L'Amour profane; Tableau* de Michel-Ange de Caravage.

L'Amour, sous les traits d'un jeune homme de quinze ans, est représenté nu et dans une attitude favorable au développement de ses formes. La malice est dans ses yeux, et son sourire a quelque chose de perfide. Ses ailes sont celles d'un oiseau de proie; il tient dans sa main un arc et des flèches. Près d'un lit en désordre, il vient de renverser et de fouler aux pieds une cuirasse, des livres, une équerre, un compas, des instrumens de musique, et une branche de laurier. On voit encore jetés pêle-mêle, sur ce même lit, un globe parsemé d'étoiles, une couronne et un sceptre. Ces différens objets ne doivent pas être considérés ici comme de simples accessoires, mais comme l'emblême de quelque moralité. On a pu voir, dans cette allégorie, l'homme entièrement livré à ses passions, et méprisant les dignités, les sciences et les arts, l'immortalité même, et tout ce qui procure la véritable gloire.

En ne considérant dans ce tableau que le dessin et le style, sans doute il laisse à désirer plus de noblesse et de correction; mais la vérité du coloris, la vigueur de l'effet, la beauté des détails, l'empâtement des teintes, et la fermeté du pinceau, assignent à cet ouvrage un rang distingué parmi les chefs-d'œuvre du maître. Michel-Ange de Caravage, qui généralement se montre avare de lumière dans ses compositions

même les plus considérables, l'a répandue largeme
dans cette seule figure.

Ce tableau, peint sur toile, annonce une conservation parfaite. Hauteur, 4 pieds 8 pouces ; largeur
3 pieds 5 pouces.

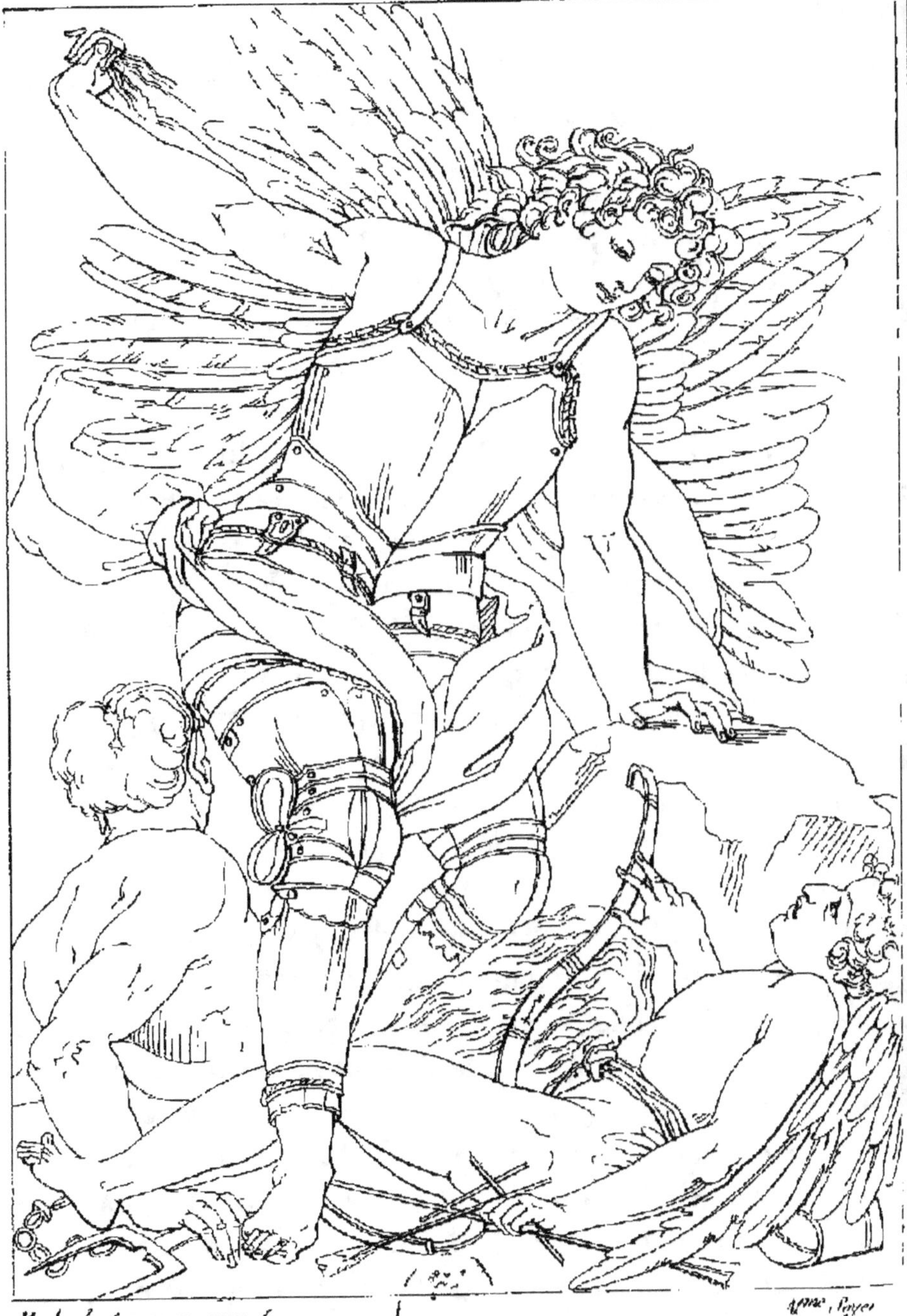

Pl. 14

*Planche quatorzième.* — *L'Amour Divin ; Tableau de* Michel-Ange de Caravage.

Ce tableau, d'une dimension un peu plus grande que le précédent, peut être regardé comme son pendant, sous le rapport allégorique. Telle est l'explication de ce sujet, nous la prenons littéralement dans un catalogue de la galerie Giustiniani, publié il y a quelques années.

« L'homme, honteux d'avoir été trop long-temps esclave de l'Amour profane, a enfin appelé à son secours l'Amour divin. Ce dernier, représenté sous les traits d'un jeune homme plein de fraîcheur et de santé, couvert d'une cuirasse brillante, d'où sort, du côté du cœur, une flamme, symbole de l'ardeur qui l'anime, les ailes déployées, et armé d'un glaive flamboyant, vient de terrasser l'Amour profane, et de briser ses traits empoisonnés. Sur la droite, on voit sa victime, dont les chaînes sont détachées, et qui recouvre sa liberté. »

Ces deux tableaux sont traités d'une manière différente et convenable à chaque sujet. Le premier, plein de force et de vérité, offre une étude soignée de toutes les parties, un coloris tout à-la-fois suave et vigoureux, une parfaite intelligence du clair-obscur. Le second, non moins recommandable par son exécution, séduit par la franchise des masses de lumière et d'ombre, par la fraîcheur et la vivacité du coloris, le choix et la vérité des accessoires ; le dessin en est plus correct, d'un style plus soutenu, et c'est peut-être pour cette raison que le peintre, dans l'intention de le faire valoir davantage, a affecté d'en déterminer les contours sur le fond, d'une manière plus précise qu'il n'a fait dans la plupart de ses autres ouvrages.

Peint sur toile: hauteur, 6 pieds 9 pouces; largeur, 3 pieds 8 pouces.

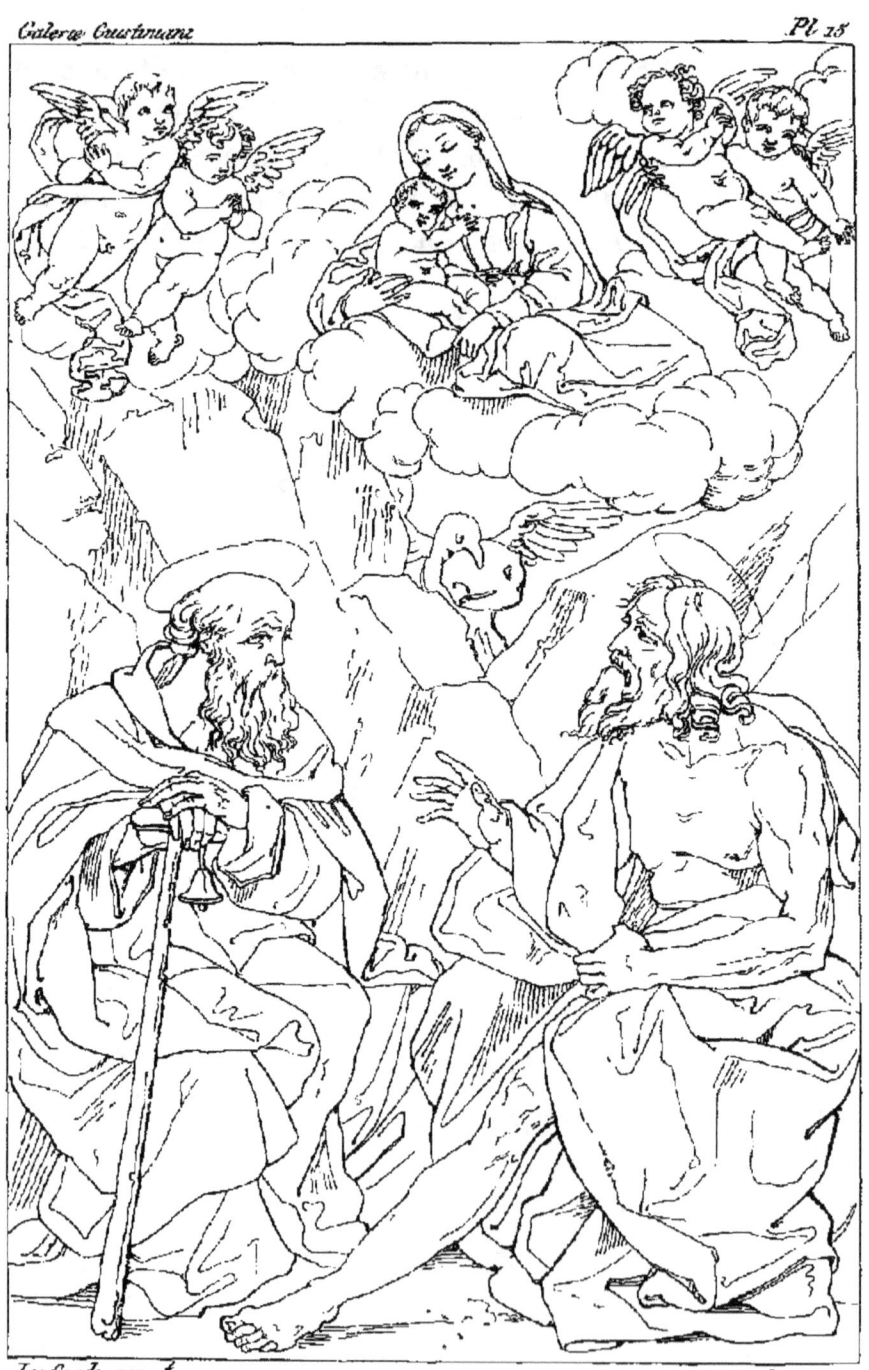

*Planche quinzième.* — *S. Antoine et S. Paul, hermites ; Tableau* du Guide, *peint sur toile : hauteur* 9 *pieds, largeur* 6 *pieds* 10 *pouces.*

S'il est un tableau dont nous regrettions de ne pouvoir faire sentir tout le mérite par un simple trait, c'est sans contredit celui qui fait le sujet de cet article. Nous allons nous borner à en expliquer succinctement la composition, et à soumettre ici notre opinion sur la beauté, ou plutôt sur la réunion des diverses beautés d'exécution qui distinguent ce chef-d'œuvre.

Le feu de la persécution s'étant allumé sous l'empire de Dèce, en 250, S. Paul se retira dans les déserts de la Thébaïde ; il y passa le reste de sa vie, inconnu aux hommes, dans une caverne autrefois habitée par des faux monnayeurs, mais Dieu le fit connaître à S. Antoine quelque temps avant sa mort.

Ce tableau représente l'entrevue des deux anachorètes. Ils sont assis l'un vis-à-vis de l'autre ; à gauche est S. Paul ; il parle à S. Antoine, qui, les mains appuyées sur son bâton, l'écoute attentivement et en silence. Ces deux saints personnages portent dans leur maintien la sévérité qui convient à leur caractère. L'altération de leurs traits, la pâleur de leur visage, et l'état de maigreur où ils sont représentés, sont l'effet des jeûnes et des austérités qu'ils ont pratiqués dans le désert. Le fond du tableau offre la vue d'une roche noirâtre entièrement dépouillée de verdure ; il est éclairé d'en haut par une gloire, au milieu de laquelle on aperçoit la Vierge accompagnée de plusieurs Anges, et tenant dans ses bras l'Enfant Jésus. Au-dessous du nuage sur lequel ce groupe est porté, on voit le corbeau par lequel S. Paul fut miraculeusement nourri dans la solitude, et qui porte un pain dans son bec.

Nous citons ce tableau, non-seulement comme le premier de la collection Giustiniani, mais encore comme un des principaux chefs-d'œuvre du Guide, dans la plus forte manière de ce peintre. Il l'avait exécuté pour la maison Zampieri.

Les tableaux de ce maître ont toujours joui d'une estime particulière, quoiqu'ils ne soient pas tous rendus avec le même soin et avec la même étude. Le Guide n'a été l'imitateur d'aucun autre ; mais nourri des beautés de l'antique et de celles que l'on rencontre dans les ouvrages des grands maîtres, tels que Raphaël, le Corrège, le Parmesan, et sur-tout Paul Véronèse, pour lequel il avait une estime particulière, il a su, en quelque sorte, les réunir avec cette grâce, cette noblesse, ce goût pur qui le caractérisent, enfin, avec cette douceur et cette admirable facilité de pinceau que lui seul a possédées, et dont le charme est irrésistible.

Nous ne disons rien de trop en assurant que le mérite du Guide se retrouve tout entier dans ce beau tableau. Les deux figures principales sont exécutées avec une vérité, une chaleur, une vivacité toutes particulières. La partie supérieure du tableau est traitée avec une grâce inimitable ; cette grâce n'est ni celle de Raphael, ni celle du Corrège ; elle n'offre ni la correction, ni l'angélique naïveté du premier de ces deux maîtres, ni l'expression fine, ni l'effet magique du second, c'est une grâce qui n'appartient qu'au Guide : il ne l'a due qu'à l'élévation de son esprit, à la douceur de son caractère, et à l'étonnante facilité avec laquelle sa main secondait les mouvemens de son imagination.

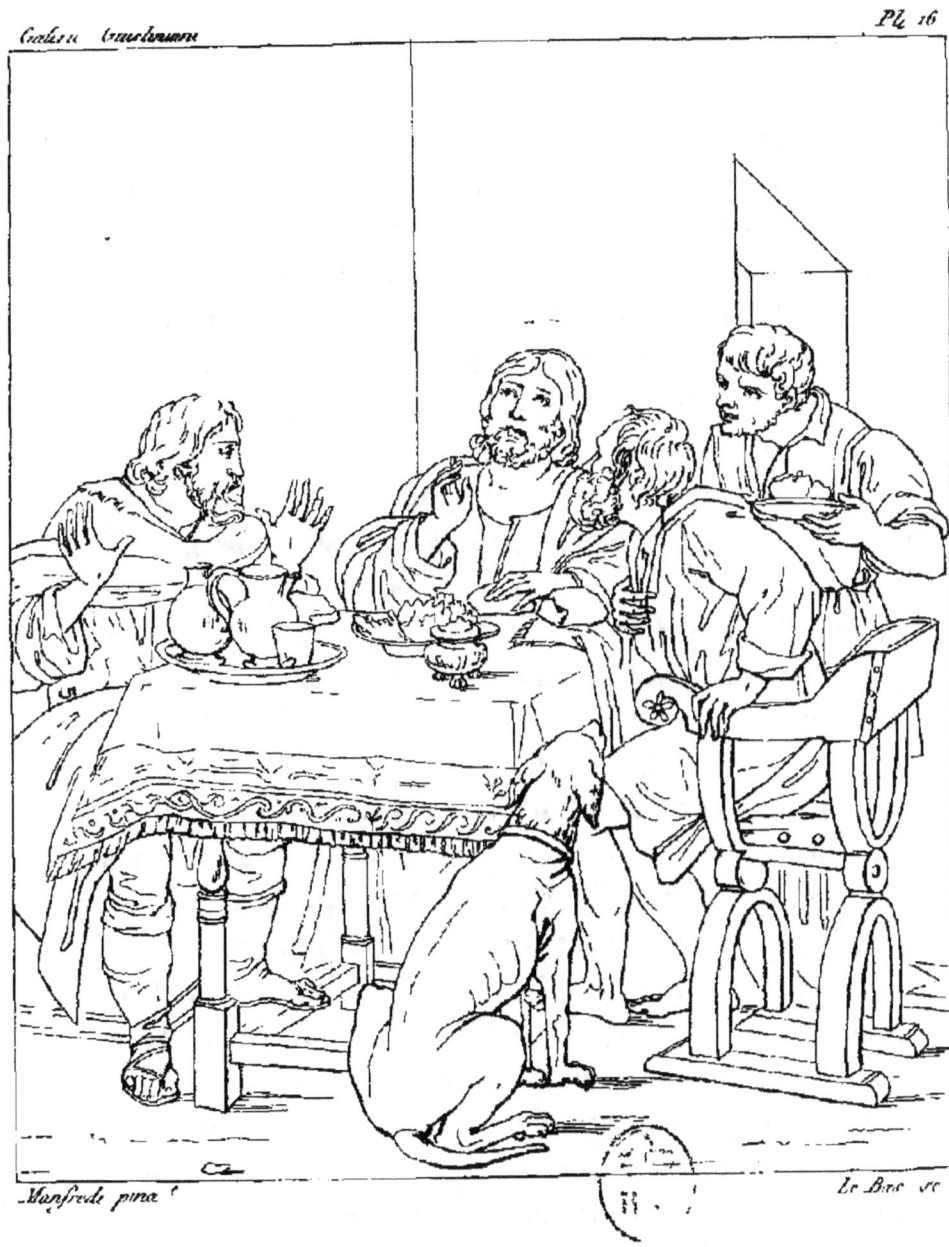

*Planche seizième.* — *Jesus-Christ à Emmaüs ;* par Manfredi.

Dans l'école du Caravage, ou plutôt parmi ses nombreux imitateurs, il serait impossible de citer un seul peintre qui n'ait excellé dans le coloris; cependant on les accuse généralement, et avec raison, d'avoir négligé le dessin, les convenances et la dignité du style.

Bartholomeo Manfredi, de Mantoue, qui avait déjà étudié à l'école du cavalier Cristoforo Roncalli, pourrait être appelé un second Caravage; il a surpassé son maître par un goût plus relevé et par un meilleur choix. Son nom est peu cité dans les cabinets, pour lesquels il a spécialement travaillé, soit parce qu'il mourut fort jeune, soit parce que plusieurs de ses tableaux ont été attribués au Caravage. Quelques-uns de ceux qu'il avait peints pour le palais de Médicis sont dans ce cas.

Le tableau dont nous donnons ici l'esquisse est un des plus beaux de Manfredi, et de plus un morceau de première classe. On y remarque une manière vigoureuse, une belle entente du clair-obscur, une grande justesse d'expression, et une extrême vérité dans tous les détails. On peut dire que ce tableau égale, par la force, et en même temps par la finesse du coloris, les plus belles productions du Caravage.

Peint sur toile. Hauteur, 8 pieds 8 pouces; largeur, 6 pieds 10 pouces. Le Musée Napoléon ne possède qu'un seul tableau de ce maître. (Voyez tome 4 de la première Collection des *Annales*, page 23.)

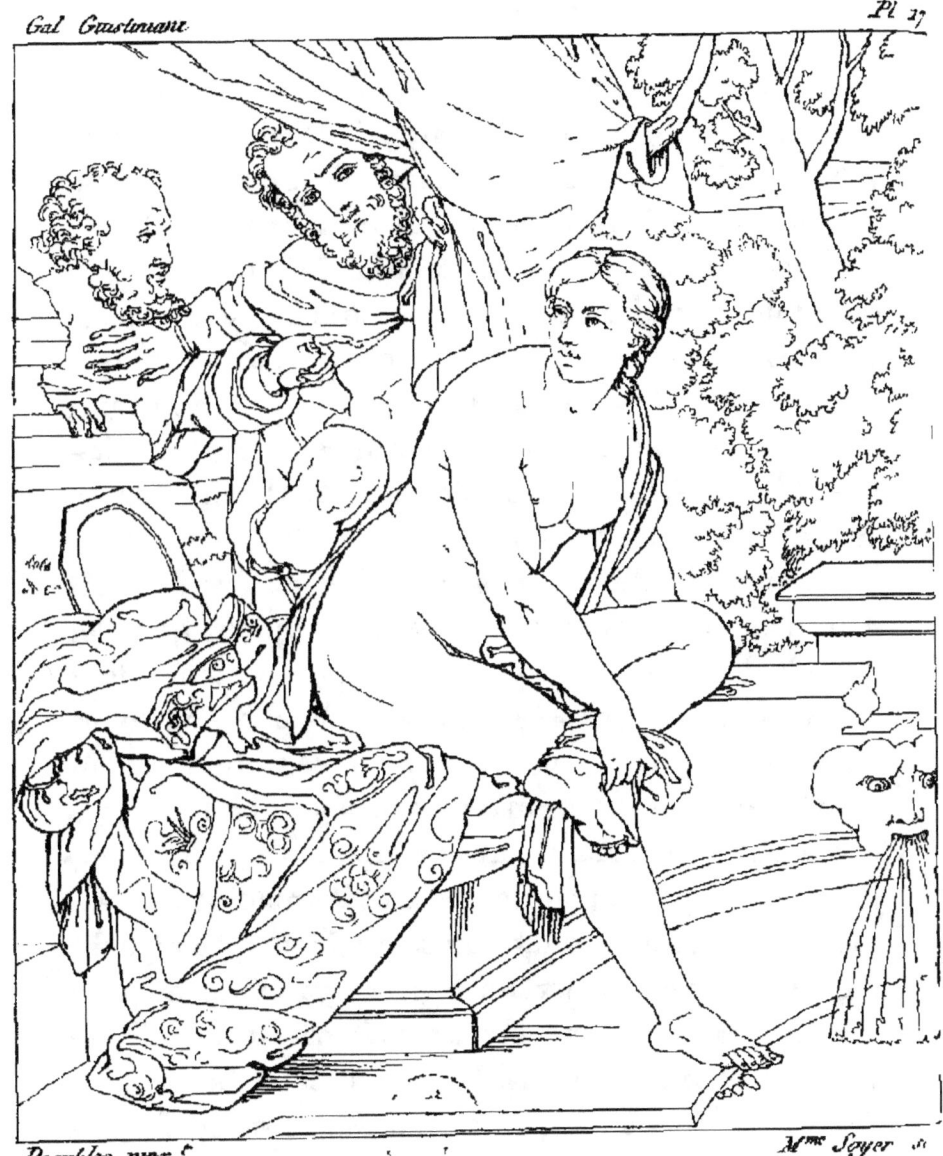

*Planche dix-septième.* — *Susanne surprise au bain;*
*Tableau de* Michel Sobleo *ou* Desubleo.

Michel Sobleo ou Desubleo, né en Flandre, vint s'établir à Bologne, où il avait été attiré par la réputation du Guide. Il se rangea parmi ses élèves, et se fit une manière de peindre qui participe de celle de son maître et de celle du Guerchin. Desubleo fit quelques tableaux à Bologne; il se rendit ensuite à Venise, où il orna plusieurs églises de morceaux de sa composition; le plus estimé de tous est celui qu'il peignit pour le couvent des carmes. On a peu de particularités sur cet artiste, et l'on ne cite ni l'année de sa naissance ni celle de sa mort.

Ce tableau de Susanne surprise au bain paraît tenir d'autant plus de la manière du Guide, que l'on connaît de la main de ce peintre une Susanne dont l'attitude est à-peu-près semblable à celle dont nous donnons ici le trait; mais Desubleo n'a ni la pureté ni la grâce du Guide, et, malgré son séjour en Italie, ses ouvrages se ressentent plus ou moins de la manière flamande, sur-tout pour le choix et l'emploi des accessoires; néanmoins ce tableau se distingue par un effet piquant et par un certain aspect grandiose dont le peintre avait (si l'on peut s'exprimer ainsi) puisé le secret à l'école d'un maître recommandable par la délicatesse de son goût et la noblesse de ses idées.

La composition de ce tableau est simple et bien entendue. Susanne, dont la figure est d'une belle proportion, vient de sortir du bain et est entièrement nue. Elle est assise sur un banc de pierre de forme circulaire et couvert de riches draperies. L'approche des vieillards, qu'elle entend derrière elle, lui cause un sentiment de surprise et d'effroi qu'expriment son attitude et les traits de son visage. Les carnations ont peu de vigueur, c'est-à-dire manquent de cet éclat qui annonce la fraîcheur et la vivacité ; mais le tableau est en général d'un bon goût de dessin et d'un pinceau moëlleux.

Peint sur toile : hauteur 6 pieds 2 pouces, largeur 5 pieds 1 pouce.

Le Musée Napoléon ne possède aucun ouvrage de ce maître.

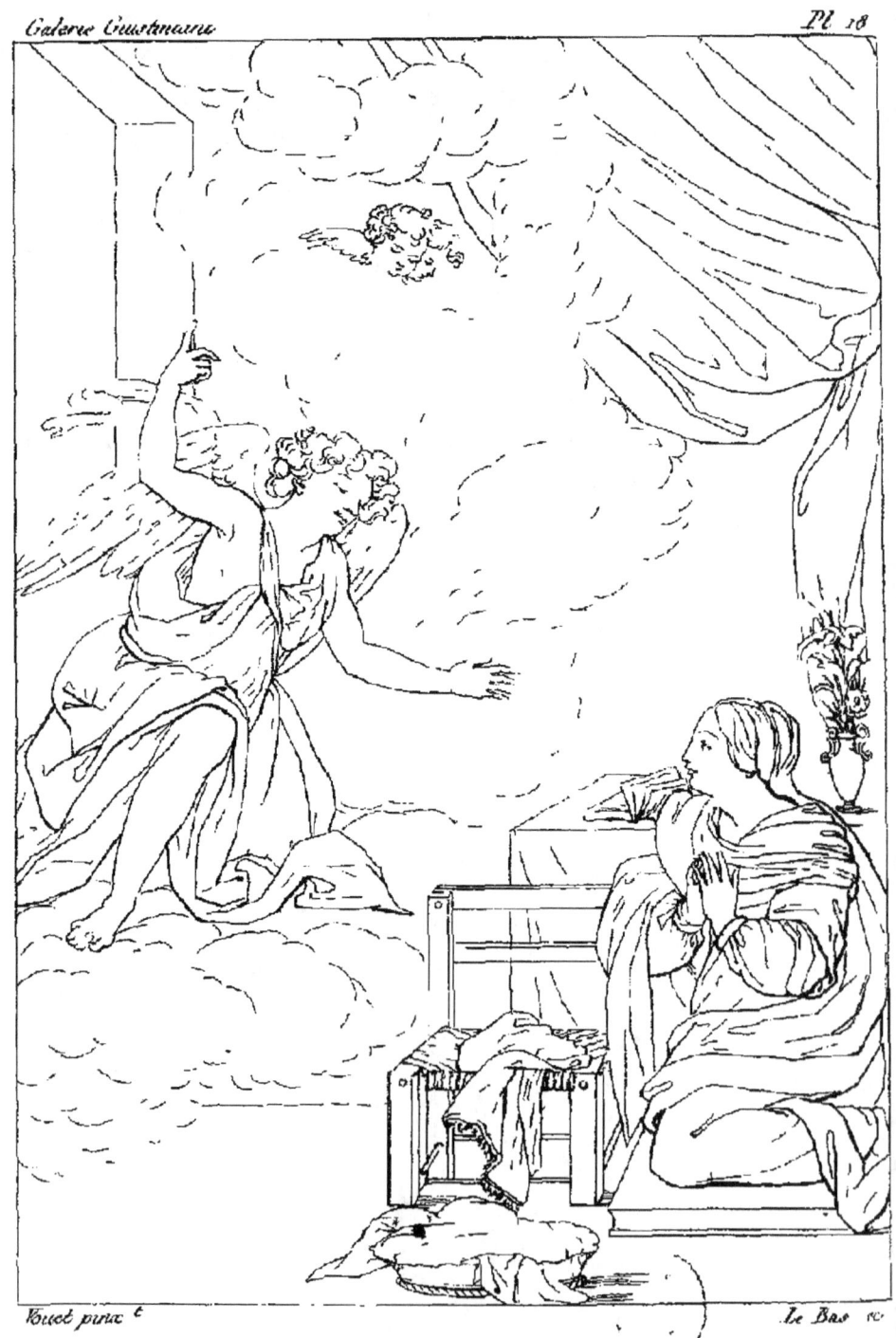

*Planche dix-huitième.* — *La Salutation Angélique;*
*Tableau de* Simon Vouët.

Ce tableau, d'une grande dimension, a sans doute été exécuté pour la décoration d'un autel. Il a 9 pieds de haut sur 6 de large. On présume qu'il a été peint à Rome, où Vouët avait suivi la manière du Caravage et du Valentin; mais depuis, sa réputation lui ayant attiré un grand nombre d'ouvrages, il se fit une manière beaucoup plus expéditive par de grandes masses d'ombres largement prononcées, et par un coloris peu étudié. Cette pratique lui réussit parce qu'il avait une grande légèreté de pinceau. On aurait lieu de s'étonner de la prodigieuse quantité d'ouvrages qu'il a faits, si l'on ne savait qu'un grand nombre de disciples assez habiles, qu'il avait élevés dans sa manière, exécutaient avec facilité ses dessins, quoique très-peu terminés: de là vient l'extrême inégalité de mérite qu'on remarque dans les divers ouvrages qui portent le nom de Vouët.

Au surplus, la France lui a l'obligation d'avoir coopéré, avec Jacques Blanchart, au retour du bon goût. La nouvelle manière de Vouët, et l'accueil qu'il faisait aux jeunes artistes, le firent suivre des peintres de son temps, et lui attirèrent de toutes parts des disciples, soit pour la peinture, soit pour le dessin. Il eut pour élèves Lebrun et le Sueur: ce double titre suffirait à sa gloire. Vouët fut le maître de Mignard, de Dufresnoy, de Perrier, Corneille et autres, dont les talens ont plus ou moins contribué à l'illustration de notre école.

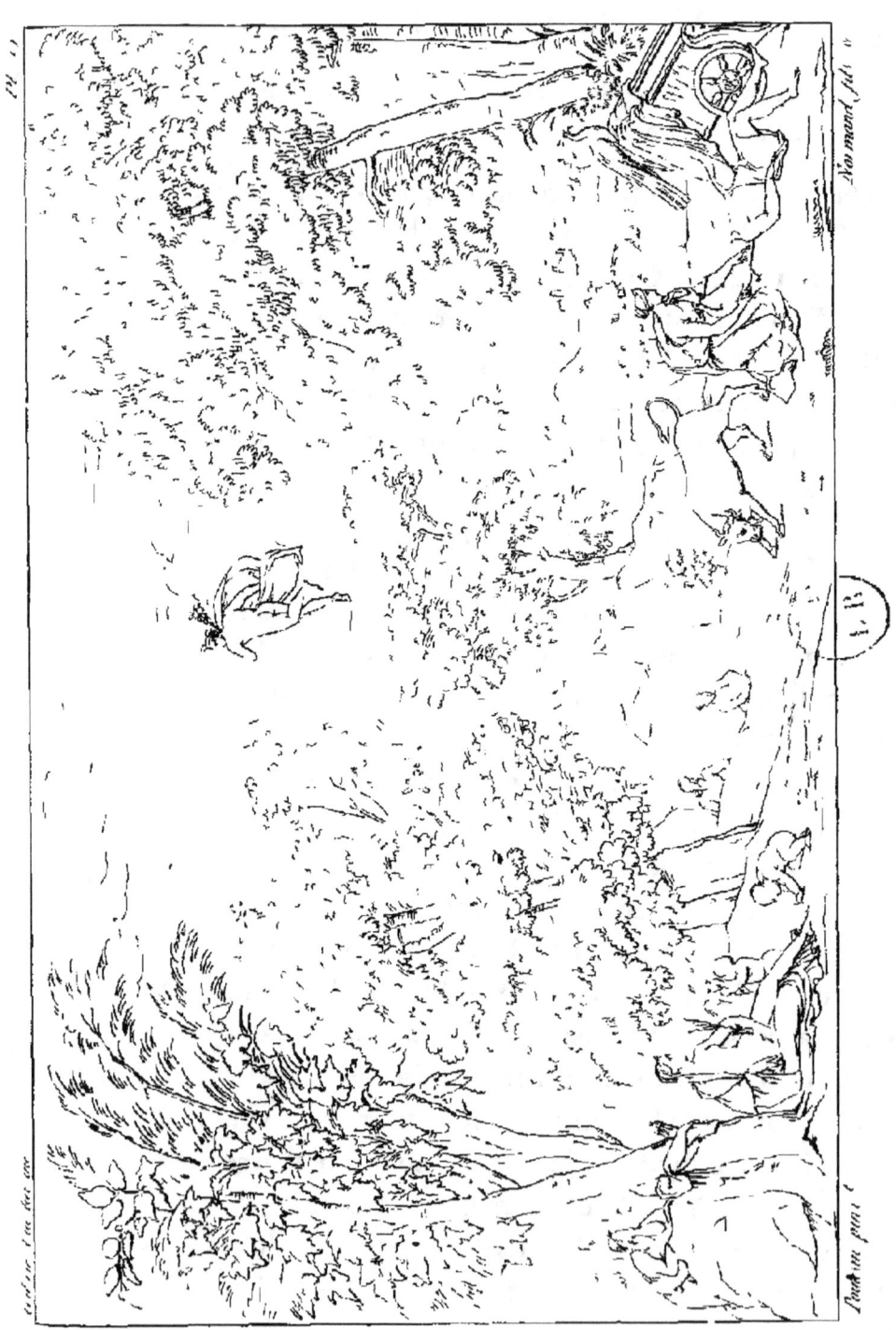

*Planche dix-neuvième.* — *Paysage ; Par* le Poussin.

Ce superbe paysage, d'une composition riche et variée, offre une grande fraîcheur de ton, un pinceau suave, un effet lumineux. Les figures sont d'un dessin aussi gracieux que correct, et l'épisode que le peintre a introduite dans ce morceau très-capital y ajoute un intérêt particulier. Le sujet est emprunté de la fable d'Io : Mercure s'envole dans les airs, après avoir coupé la tête d'Argus; Junon, pour ne point laisser inutiles les yeux de ce vigilant gardien, les répand comme autant d'étoiles brillantes sur l'oiseau consacré à cette déesse. La malheureuse Io s'enfuit épouvantée. Des amours, quelques naïades, et un vieillard vu sur un plan éloigné, complètent cette scène, que le Poussin a traitée avec le goût et l'érudition qui distinguent tous ses ouvrages.

Nous croyons que ce tableau n'a point encore été gravé. Il a six pieds de large sur trois pieds neuf pouces de haut, et est peint sur toile.

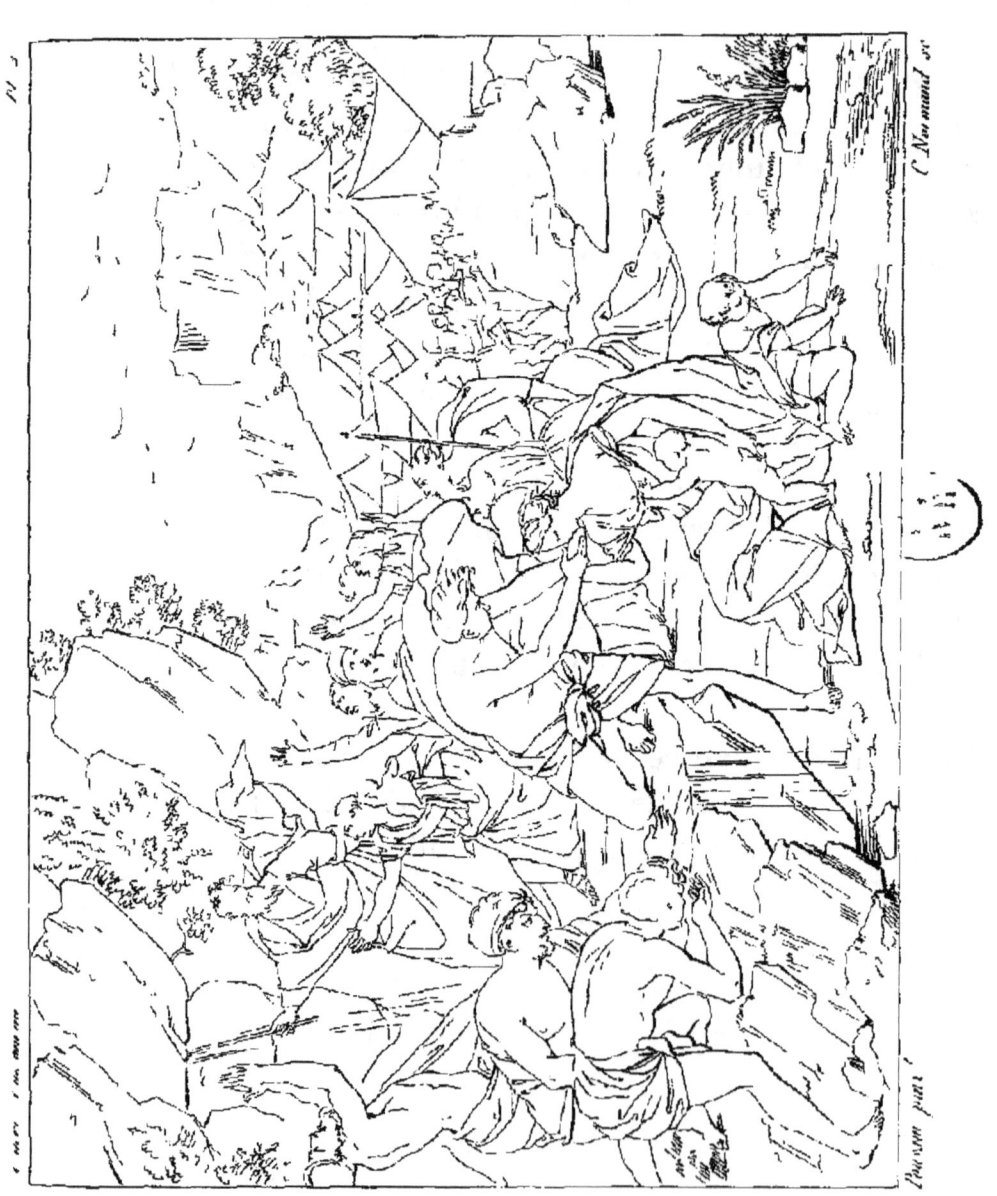

*Planche vingtième.* — *Le Frappement du rocher ; Tableau du* Poussin.

Sur le second plan, à gauche, on voit Moïse qui vient de frapper le rocher : il touche encore de sa baguette la source miraculeuse dont les eaux vont rafraîchir le désert, et arracher aux tourmens de la soif les nombreux enfans d'Israël. Ils entourent leur législateur, et lèvent les mains au ciel pour exprimer leur reconnaissance.

Sur le devant du tableau, deux hommes, penchés sur le ruisseau qui vient de se former devant eux, puisent de l'eau dans leurs mains pour la porter à leur bouche ; un troisième en présente à une femme accompagnée de ses deux enfans. On voit, dans le fond, les Israélites sortant de leurs tentes pour prendre part à ce nouveau bienfait de la Providence. Derrière le camp, au-dessus de l'horizon, s'élèvent des montagnes escarpées qui marquent les confins du désert.

Le Poussin a traité plusieurs fois le frappement du rocher, et tout porte à croire que le tableau dont nous donnons ici l'esquisse est le premier de ceux où il a représenté ce sujet. On y retrouve tout ce qui caractérise la première manière de l'artiste. A cette époque il cherchait, plus spécialement qu'il ne le fit dans la suite, à unir le charme du coloris au style de la composition et à l'étude des caractères ; mais n'ayant pu parvenir à faire marcher de front, si l'on peut s'exprimer ainsi, ces trois parties nécessaires pour former le complément d'un chef-d'œuvre de l'art, il résolut de s'attacher spécialement aux deux dernières, comme plus essentielles, plus faciles à réunir, et plus conformes à son propre génie.

En effet, le tableau qui fait le sujet de cet article, tableau où l'on remarque cette sagesse de pensée et cette belle disposition qui distinguent les ouvrages du Poussin, n'offre pas une grande sévérité de goût dans le dessin en général, ni dans la pose de quelques-unes des figures principales. Mais le ton en est suave, l'effet brillant et aérien; et cette production, d'une dimension trop grande pour être considérée comme une esquisse, offre toute la facilité, toute la légèreté de pinceau qu'on trouve dans la première pensée d'un artiste.

Ce tableau, peint sur toile, a cinq pieds cinq pouces de large sur quatre pieds de haut.

Galerie Giustiniani

*Planche vingt-unième. — Laban cherchant ses idoles;*
*Tableau du Poussin.*

Ce tableau est le pendant de celui dont nous venons de rendre compte ; il en diffère sous le rapport de l'effet et du coloris. Ce dernier, d'un ton plus vigoureux, présente des lumières moins vives ; les lointains semblent obscurcis soit par une vapeur opaque, soit par les approches de la nuit. Le style de la composition et du dessin, ainsi que l'expression, n'ont pas toute la sévérité des ouvrages du dernier temps de l'artiste, mais la touche en est vive et légère.

Le peintre a saisi le moment où Laban, ayant atteint, le septième jour de sa marche, sur la montagne de Galaad, Jacob qui avait fui de chez lui avec sa famille et ses troupeaux, cherche ses idoles que Rachel lui avait enlevées sans en prévenir Jacob. Laban est occupé à visiter les bagages ; mais Rachel, pour les soustraire aux recherches de Laban, les cache sous la selle d'un chameau, sur laquelle elle est assise, et pour se dispenser de se lever, feint d'être incommodée.

Peint sur toile : largeur 5 pieds 5 pouces, hauteur 4 pieds.

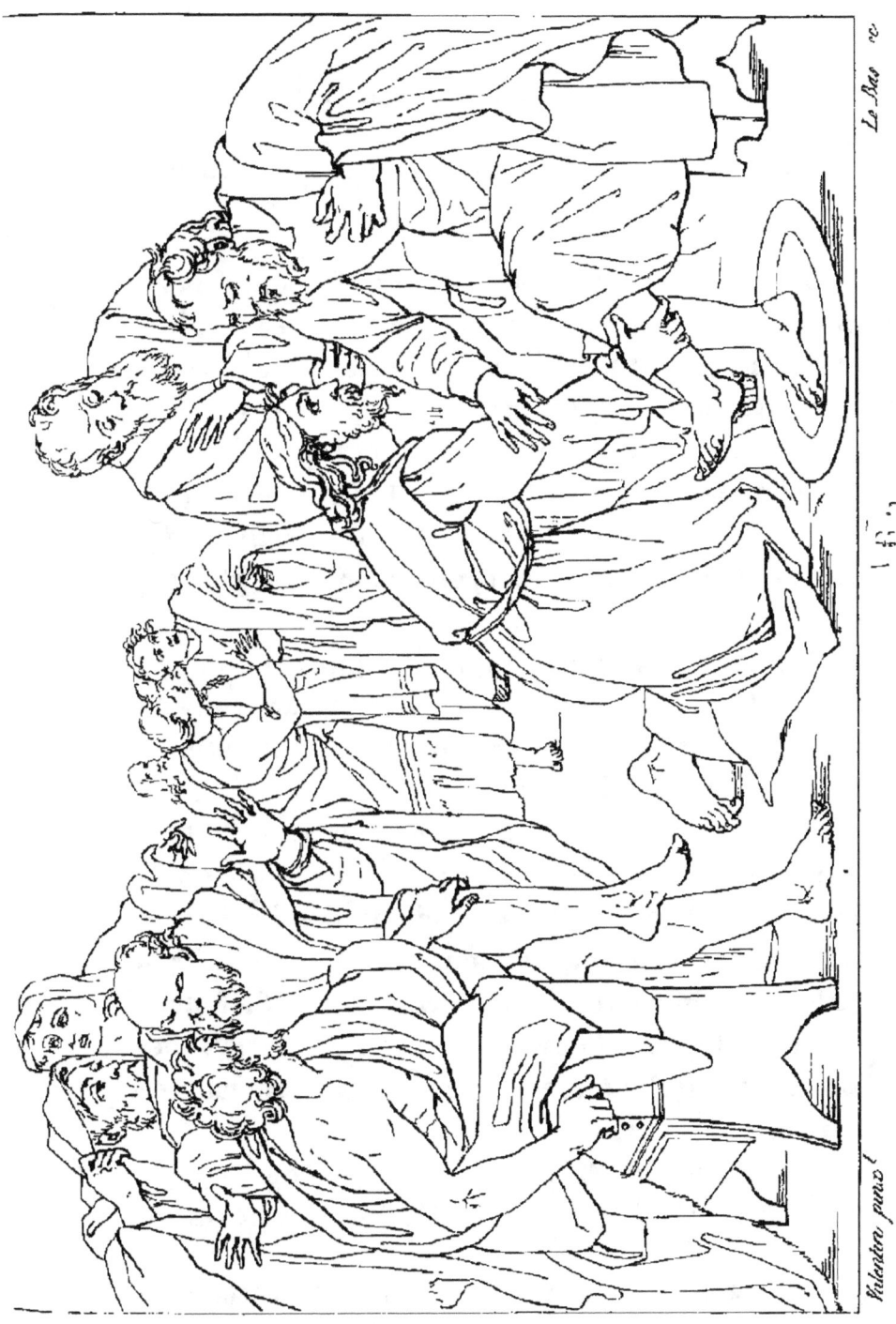

*Planche vingt-deuxième.* — *Le Lavement des pieds; Tableau du* Valentin.

Ce sujet, par son austérité, offrait au Valentin l'occasion de faire ressortir toute la vigueur de son pinceau. Aussi cette composition peut-elle être considérée comme une des plus capitales de ce maître. Elle est entièrement dans le style du Caravage, dont la manière large et forte avait tellement plu au Valentin, qu'il chercha à se l'approprier. Il eut le bonheur d'y ajouter un dessin plus correct, une expression plus relevée.

Le Valentin, peintre français, a joui, même en Italie, de la plus juste célébrité; les auteurs italiens qui ont écrit sur la vie des artistes, parlent de celui-ci avec une estime particulière.

« M. Valentin ( selon Lanzi, dont nous traduisons
« ici les propres expressions ), né dans la Brie, près
« Paris, fut à Rome le plus judicieux des imitateurs
« du Caravage; on voit au palais Monte-Cavallo son
« tableau du Martyre de S. Processe et de S. Marti-
« nien (1). Il donna dans sa jeunesse les plus grandes
« espérances, qu'une mort prématurée l'empêcha de
« remplir entièrement.

« C'est sur les peintures du Caravage et du Valentin
« que Simon Vouët, maître de M. Lebrun, et restau-

(1) Ce tableau fait maintenant partie du Musée Napoléon. ( Voyez *Annales du Musée*, première Collection, tome 2, planche 21, page 47. )

« rateur de l'Ecole française, forma son style. On
« voit à Rome plusieurs beaux tableaux de Vouët, soit
« dans des édifices publics, soit dans des cabinets par-
« ticuliers, principalement dans la galerie Barberine.
« On les préfère généralement à beaucoup d'autres
« ouvrages qu'il exécuta, en France, avec une trop
« grande célérité. »

La composition dont nous donnons ici le trait se divise en deux groupes principaux. A droite, on voit Jésus Christ à genoux devant le chef des apôtres, et se disposant à lui laver les pieds ; S. Pierre l'arrête avec respect, en témoignant qu'il ne se sent pas digne d'un tel honneur. De l'autre côté est un groupe composé de trois apôtres, dont un est assis, et d'une femme. Dans l'espace intermédiaire, et un peu éloignés, sont quatre autres disciples de J. C. Ils marquent la surprise que leur cause cet acte d'humilité.

Ce tableau, l'un des plus magnifiques de la galerie Giustiniani, ne laisse rien à desirer pour le bel effet de l'ensemble et la perfection des détails.

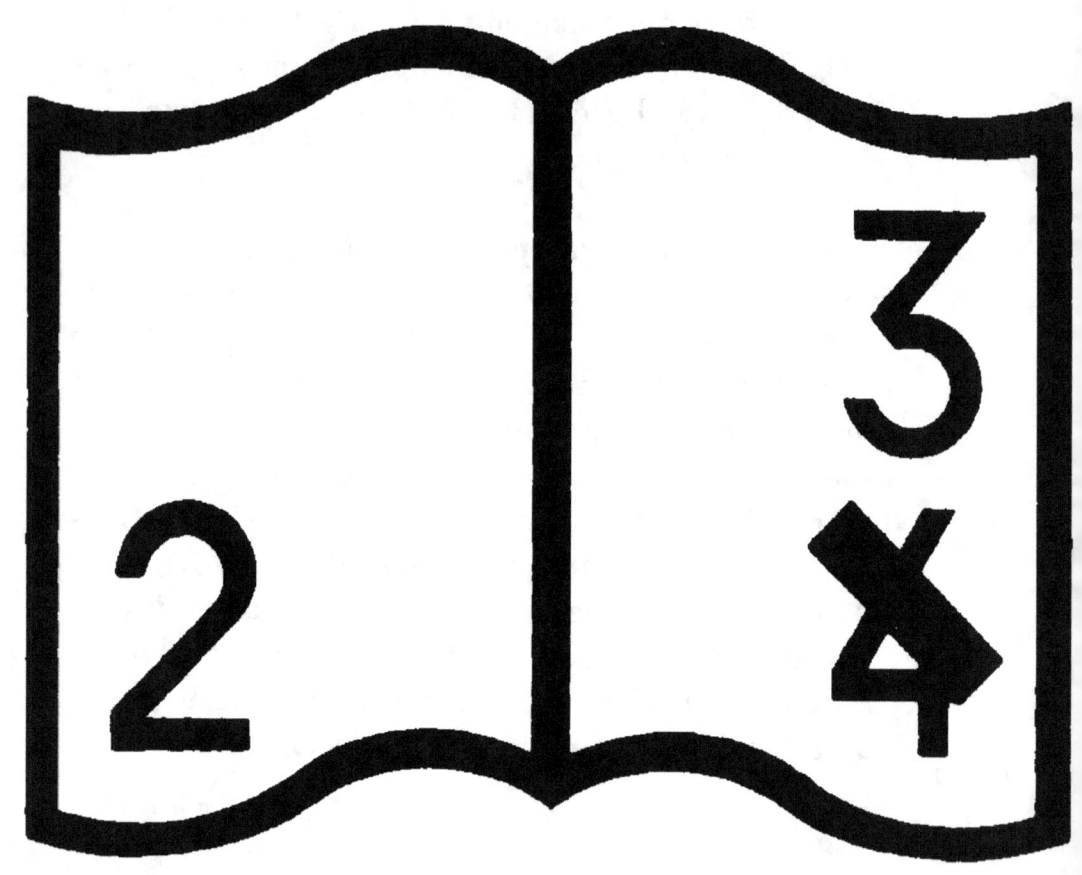

Pagination incorrecte — date incorrecte

**NF Z 43**-120-12

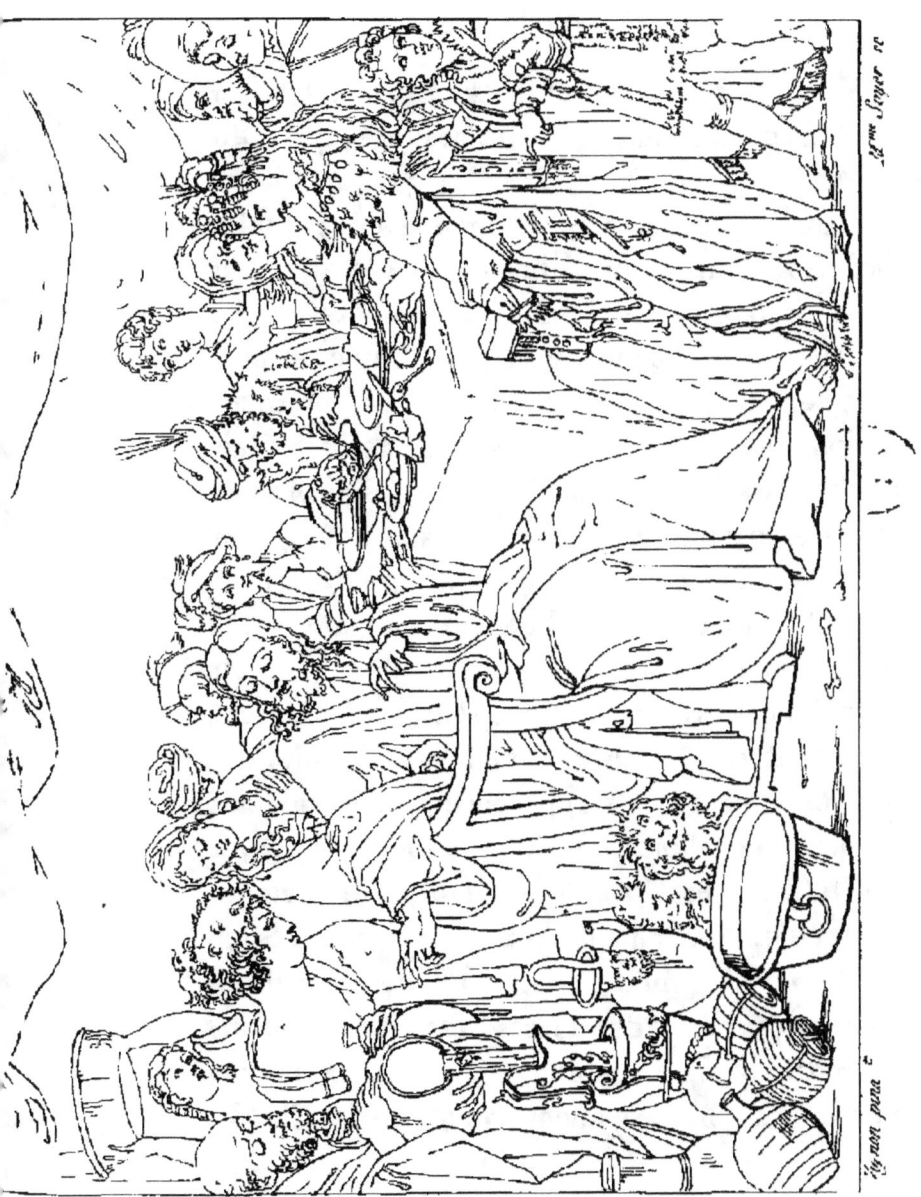

*Planche vingt-troisième.* — *Les Noces de Cana;* par Claude Vignon.

Claude Vignon, natif de Tours, fit le voyage d'Italie, et suivit d'abord la manière du Caravage, qui était alors en grande faveur. Il fit dans ce goût plusieurs tableaux estimés ; et la promptitude avec laquelle il travaillait lui ayant procuré beaucoup d'emploi, il prit, afin de pouvoir y satisfaire, une manière encore plus expéditive, mais beaucoup moins étudiée, et finit par peindre sans le secours de la nature, et purement d'imagination. Sa façon d'employer ses teintes était de les coucher sur la toile sans les lier ensemble par le moyen du pinceau, et de terminer son ouvrage en ajoutant toujours des couleurs, de sorte que la superficie de ses tableaux est très-raboteuse, ce qui détruit la finesse du ton, et produit, sur-tout de près, un effet désagréable à l'œil. Ses inventions sont généralement communes, et il est à-peu-près nul sous le rapport de l'expression ; mais il y a apparence que le tableau des Noces de Cana, dont nous donnons ici le trait, a été fait en Italie, et est du meilleur temps de l'artiste. On y remarque un bon coloris et un effet piquant. Sous ce double rapport, et même sous celui du goût de la composition et du choix des accessoires, il tient beaucoup aux productions de l'école vénitienne. On ne voit en ce moment au Musée aucun ouvrage de Claude Vignon.

Ce tableau, peint sur toile, a six pieds trois pouces de haut sur neuf de large.

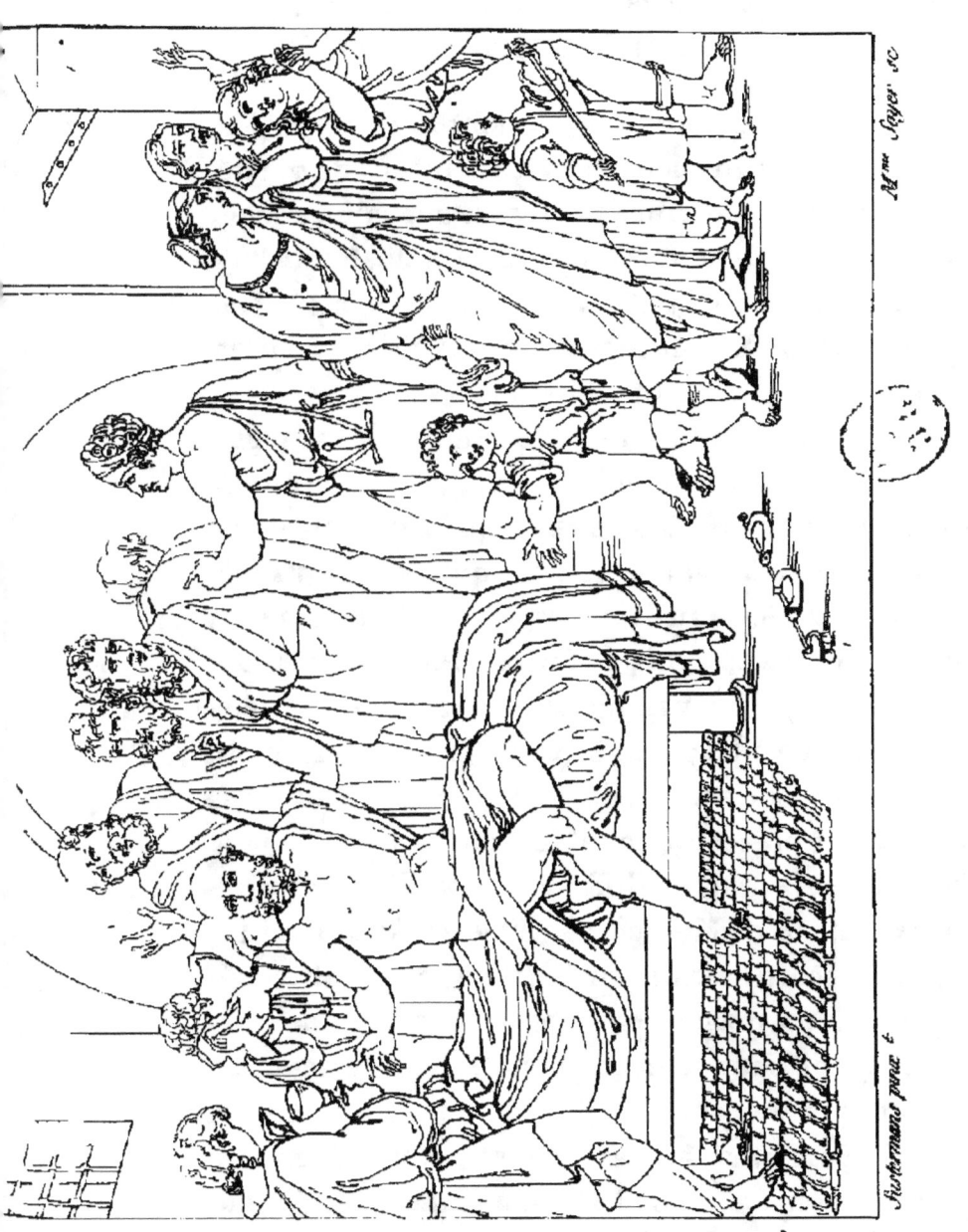

*Planche vingt-quatrième.* — *La mort de Socrate* ;
Tableau de Sustermans.

Ce tableau, bien composé, et dont le coloris offre plus de vigueur que d'éclat, l'expression plus de vérité que de noblesse, est attribué par les auteurs d'un ancien catalogue de la collection Giustiniani à Juste Sustermans. Ce peintre, né à Anvers, est peu connu dans son propre pays. La plupart de ses ouvrages sont en Italie, et particulièrement à Florence.

C'est dans cette dernière ville qu'il alla s'établir après avoir étudié la peinture à Anvers. Cosme II l'attira à sa cour; et Sustermans, après la mort de ce prince, s'attacha à son successeur, qu'il servit jusqu'à la fin de son règne. Plusieurs princes d'Allemagne et d'Italie ayant désiré avoir leurs portraits de la main de Sustermans, il en peignit un grand nombre qu'on estimait presque à l'égal de ceux de Vandyck. Rubens, qui l'honorait comme un des premiers peintres de sa nation, lui fit présent d'un tableau de sa main.

Sustermans peignit de différentes manières les princes de la maison de Médicis ; et lorsque Ferdinand II, très-jeune encore, monta sur le trône, ce peintre exécuta pour lui un magnifique tableau composé de portraits, et ayant pour sujet la prestation du serment de fidélité au nouveau souverain. Cet immense tableau a été gravé. Sustermans avait le rare talent d'ennoblir ses portraits sans affaiblir la ressemblance, et de leur donner l'habitude, les mouvemens et le caractère de ses modèles. On assure que ses compositions historiques sont belles et spirituelles, qu'il était bon dessinateur, grand coloriste, que ses ouvrages sont bien entendus de clair-obscur, et qu'il eut autant de modestie que de talent.

Le tableau dont il est question dans cet article représente Socrate dans sa prison. Il est assis sur son lit, et se prépare à prendre la coupe qui contient la ciguë. Ses disciples, placés un peu derrière lui, témoignent par divers mouvemens la douleur dont ils sont pénétrés. De l'autre côté du tableau, la femme et les enfans de Socrate, fondant en larmes, et ne pouvant supporter un spectacle aussi déchirant, se retirent après lui avoir dit un éternel adieu.

Le Musée Napoléon ne possède aucun tableau de Sustermans.

Celui-ci est peint sur toile, et a cinq pieds trois pouces de hauteur sur six pieds six pouces de large.

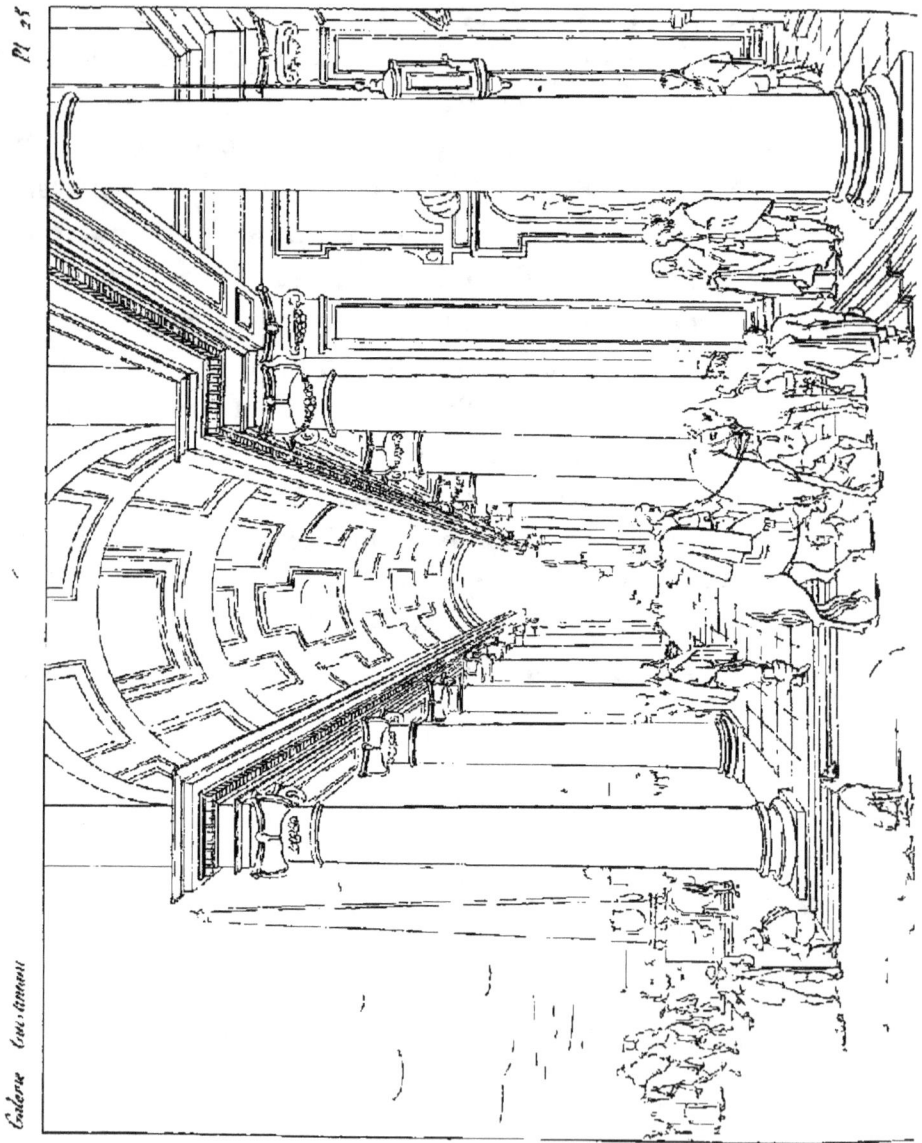

Galerie Couronnent

Pl. 25

*Planche vingt-cinquième.* — *Péristyle d'un Temple ;*
   *Par* Stodeckgeest.

Ce tableau, d'un bel effet et d'une grande justesse de perspective, représente le péristyle d'un temple. On aperçoit dans le lointain un paysage orné de quelques monumens. Les devants offrent un grand nombre de figures et de cavaliers qui animent la composition.

Guillaume Stodeckgeest est peu connu.

Peint sur toile : hauteur trois pieds trois pouces, largeur quatre pieds.

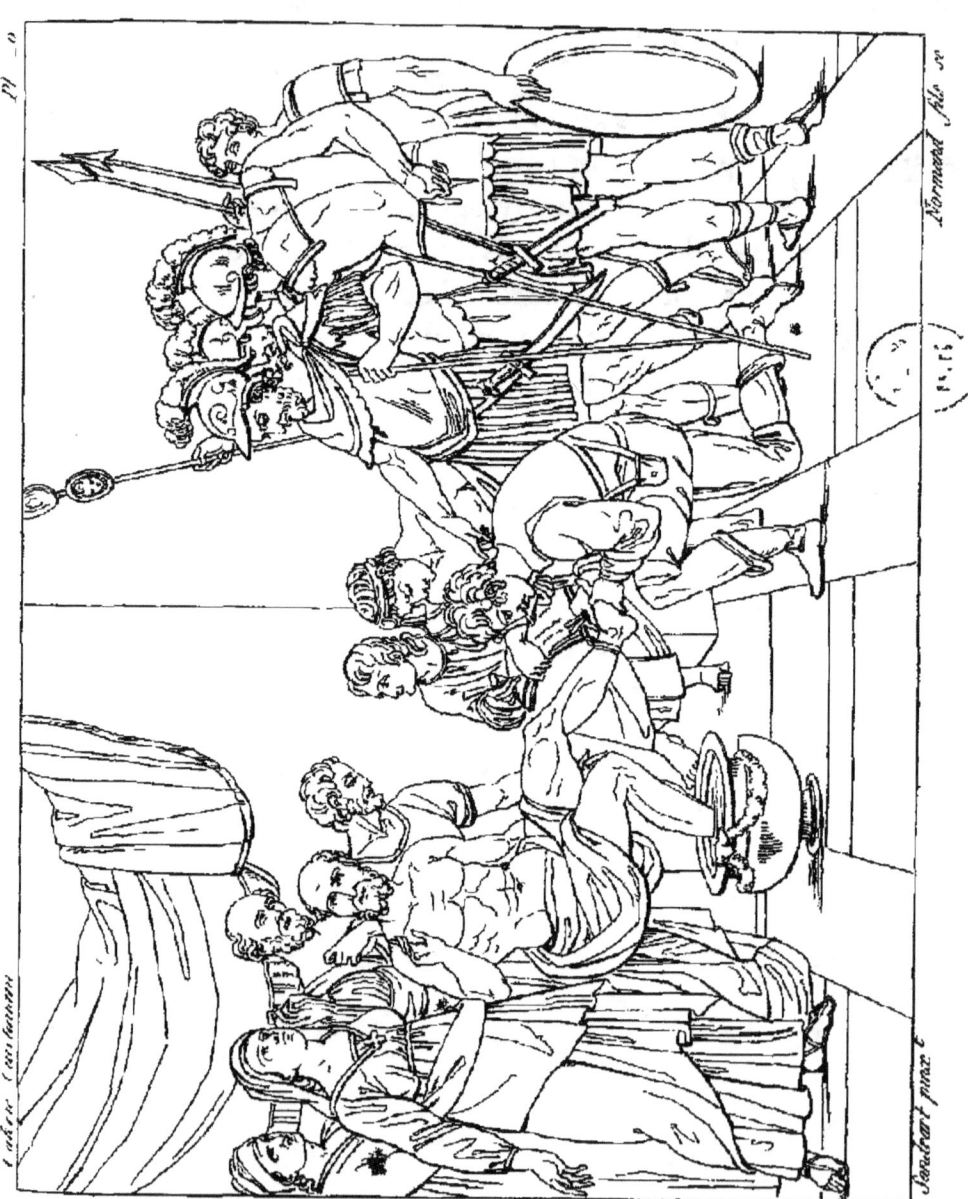

*Planche vingt-sixième.* — *La Mort de Sénèque; Tableau de* Sandrart.

Cette scène, d'un effet nocturne, se passe dans la prison où Sénèque est enfermé. Sur le devant, à gauche du spectateur, ce philosophe, assis, et une jambe dans le bain, présente l'autre au bourreau, qui se prépare à lui ouvrir les veines. Sénèque est entouré de sa famille, et un de ses disciples écrit ses dernières paroles. Du côté opposé, un officier, accompagné de quelques soldats, fait exécuter les ordres de Néron. L'effet de lumière est bien senti. Les divers caractères des personnages sont exprimés avec énergie.

« Ce tableau (dit M. Visconti, dont nous transcrivons ici la note insérée dans un catalogue de la collection Giustiniani) est une répétition de celui que cet artiste a exécuté à Rome pour le roi d'Espagne. Le monarque avait distribué douze sujets à douze peintres les plus estimés de son temps. Le Poussin et le Guide étaient dans le nombre; Sandrart fut le dernier nommé. Cependant, dit Orlandi, son tableau de la mort de Sénèque prouve qu'il était un des premiers en mérite. L'artiste allemand avait appris cette manière de peindre à l'école de Gérard Hontorst, ou *Gherardo delle notti*, dont il avait été l'élève à Utrecht, et le compagnon dans le voyage d'Angleterre. »

« La vie de Sandrart nous apprend d'autres détails au sujet de ce tableau. Non-seulement on y rend compte du plaisir que cet ouvrage fit, à Rome, au public ainsi qu'aux artistes, mais on y ajoute que le marquis Giustiniani en fut si ravi, qu'il engagea le peintre à s'établir dans son palais, et lui donna la direction de la gravure de la collection d'antiques. Ce fut Sandrart qui lui proposa Claude Mellan, Audran, Corneille Bloëmaert, et d'autres qui ont travaillé à ce grand ouvrage, pour lequel Sandrart lui-même fit plusieurs dessins qui se voient marqués de son nom dans la gravure. Ce fut sans doute dans ce même temps que ce généreux amateur obtint de l'artiste la répétition que nous voyons de son chef-d'œuvre. En effet, on est forcé de convenir qu'elle en est une quand on a lu la description détaillée de cet ouvrage, qui se trouve à la page 5 de la vie de Sandrart, citée ci-dessus. Ce peintre était aussi homme de lettres, et il nous a laissé plusieurs ouvrages sur l'histoire des arts, écrits en latin et en allemand. »

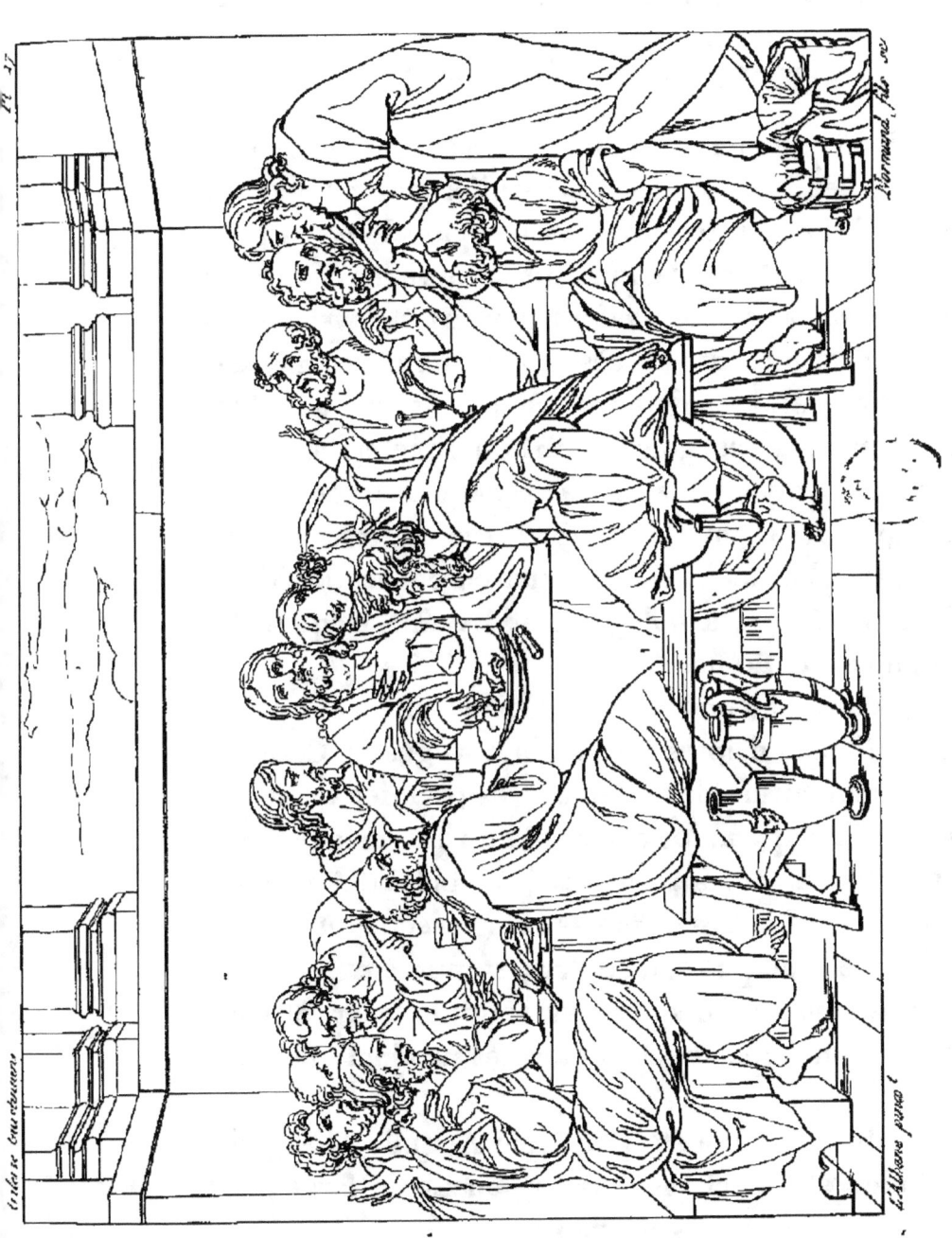

*Planche vingt-septième.* — *La Cène; Par l'*Albane.

L'Albane, qu'on pourrait appeler l'Anacréon de la peinture, et que son goût particulier portait plus volontiers à la représentation des sujets doux et gracieux, n'a pas laissé néanmoins de prouver dans plus d'une occasion que son talent pouvait s'élever, quoique avec un moindre succès, à la hauteur des grandes conceptions et des sujets austères; il est vrai que dans les tableaux de ce genre il fut quelquefois aidé par ses maîtres, dont il ne fit qu'exécuter les dessins. Ce fut d'après les cartons d'Annibal que l'Albane peignit différens tableaux à fresque dans l'église de Saint-Michel *in bosco*, à Bologne, et à Saint-Jacques des Espagnols, à Rome.

La Cène, dont nous donnons ici le trait, a été peinte par l'Albane, d'après un dessin d'Augustin Carache. Cette réunion de deux talens du premier ordre n'a pu produire qu'un ouvrage d'un rare mérite. Aux formes soutenues, aux expressions fortes d'Augustin, l'Albane a su joindre la finesse et la vivacité du coloris, le charme d'un pinceau coulant et gracieux, et tempérer la gravité du sujet par cette douceur et cette aménité qui caractérisent toutes les productions de ce peintre.

Ce tableau, qui a été gravé par Acquila, est peint sur toile, et à neuf pieds trois pouces de large, sur six pieds cinq pouces de haut.

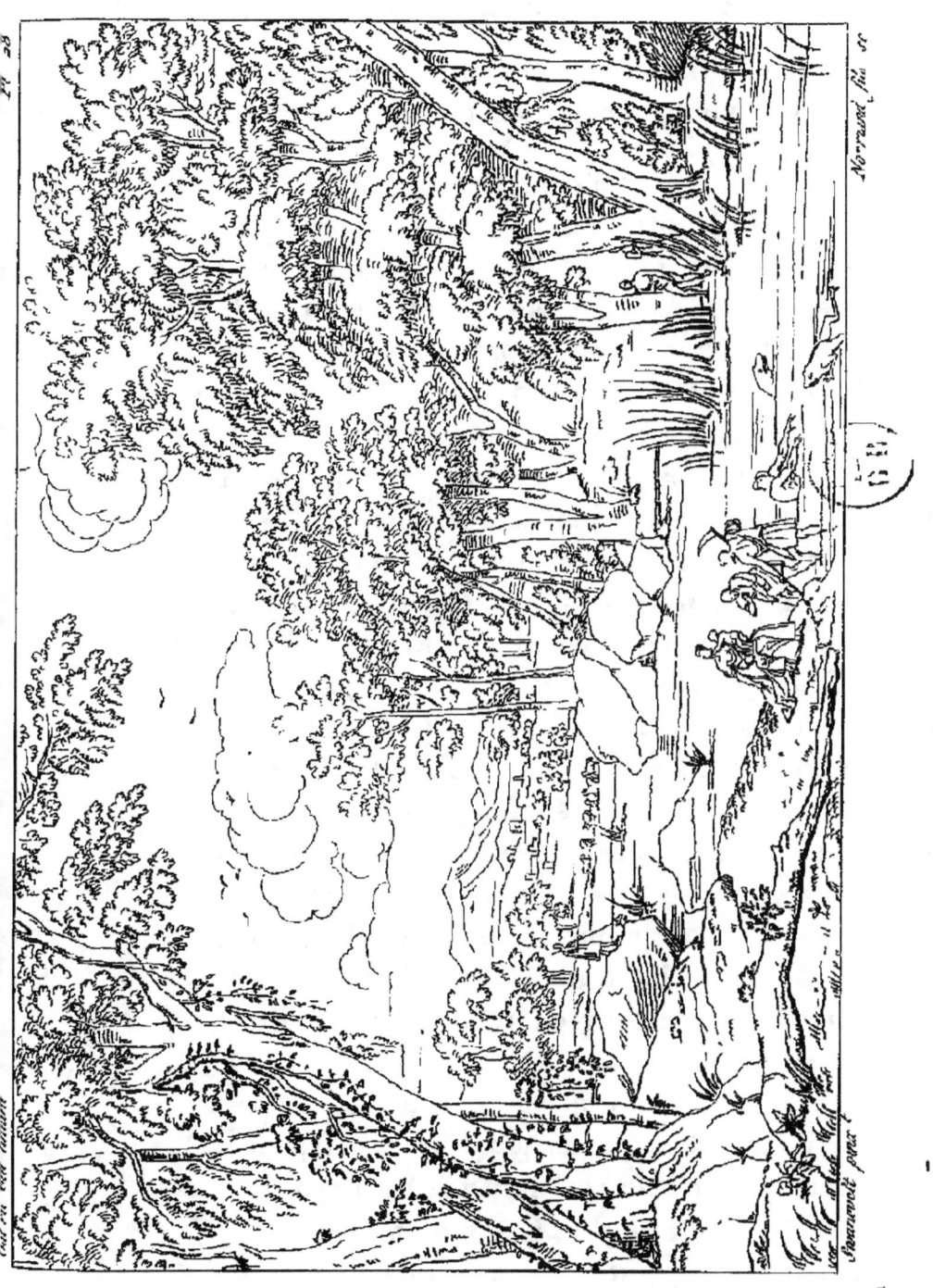

*Planche vingt-huitième.* — *Paysage ;* Par Herman Swanevelt, *dit* Herman d'Italie.

On a peu de particularités sur Herman Swanevelt, né vers 1620. On ignore le nom de la ville où il prit naissance, et quelle était sa famille. On croit qu'il fut élève de Gérard Dow. Descamps, qui a écrit sur la vie des peintres flamands, nous apprend que Swanevelt, étant allé fort jeune à Rome, y trouva beaucoup de jeunes gens de son pays qui étudiaient comme lui la peinture ; mais au lieu de les rechercher et de perdre son temps avec eux, il évitait leur société. On ne le vit jamais que le crayon à la main, et dessinant des vues ou des ruines autour de Rome. Cette vie farouche et retirée lui fit donner le nom d'Hermite, et ses talens celui d'*Herman d'Italie.*

Swanevelt, frappé de la beauté des ouvrages de Claude le Lorrain, le choisit pour son maître. Aidé de ses leçons, et fortifié par les études qu'il faisait continuellement d'après nature, l'élève fut bientôt en réputation, et sut faire passer dans ses ouvrages cette fraîcheur et cette touche précieuse dont les tableaux de Claude le Lorrain lui avaient révélé le secret.

Herman vit ses ouvrages recherchés, payés généreusement et portés à l'étranger. On croit que ses succès inspirèrent quelque jalousie au maître ; mais cette jalousie ne pouvait être qu'une noble émulation, puisque ces deux peintres ne cessèrent pas de se voir.

Herman Swanevelt mourut à Rome en 1690.

La manière de ce peintre est une imitation de celle

de Claude ; et si Herman ne l'a pas égalé dans le paysage, il peignait mieux que lui les figures et les animaux. Il a gravé lui-même, à l'eau-forte, plusieurs de ses compositions. Ses tableaux sont assez rares, excepté en Italie. Il ne s'en trouve aucun dans ce moment au Musée Napoléon.

Le paysage dont le trait joint à cet article donne une légère idée, est, sans contredit, non-seulement un des plus beaux du maitre, mais encore un de ceux que l'on ne peut citer avec trop d'éloges. Le moment choisi par l'artiste est la fin d'un beau jour. Le soleil, prêt à se cacher sous l'horizon, darde ses derniers rayons au travers des grands arbres qui se groupent dans un coin du tableau, à gauche du spectateur. A droite, un autre massif d'arbres annonce l'entrée d'un bois baigné par un marais. Ce site a donné au peintre l'idée d'y placer un sujet tiré de la fable de Latone, qui, fuyant pour échapper aux persécutions de Junon, et emportant avec elle ses deux enfans, s'arrête au bord d'un marais pour se désaltérer. Les paysans qui y travaillaient lui ayant refusé de l'eau et l'ayant insultée, elle les changea en grenouilles. Toutes ces figures sont dessinées de bon goût et touchées avec esprit.

Nous le répétons, ce paysage est parfaitement beau. Les masses en sont bien entendues, et les devants sont très-vigoureux. Un ciel pur, des lointains vaporeux, un feuiller large, un ensemble tout-à-la-fois brillant et harmonieux, distinguent ce morceau vraiment admirable et d'une conservation rare.

Peint sur toile : largeur six pieds, hauteur trois pieds onze pouces.

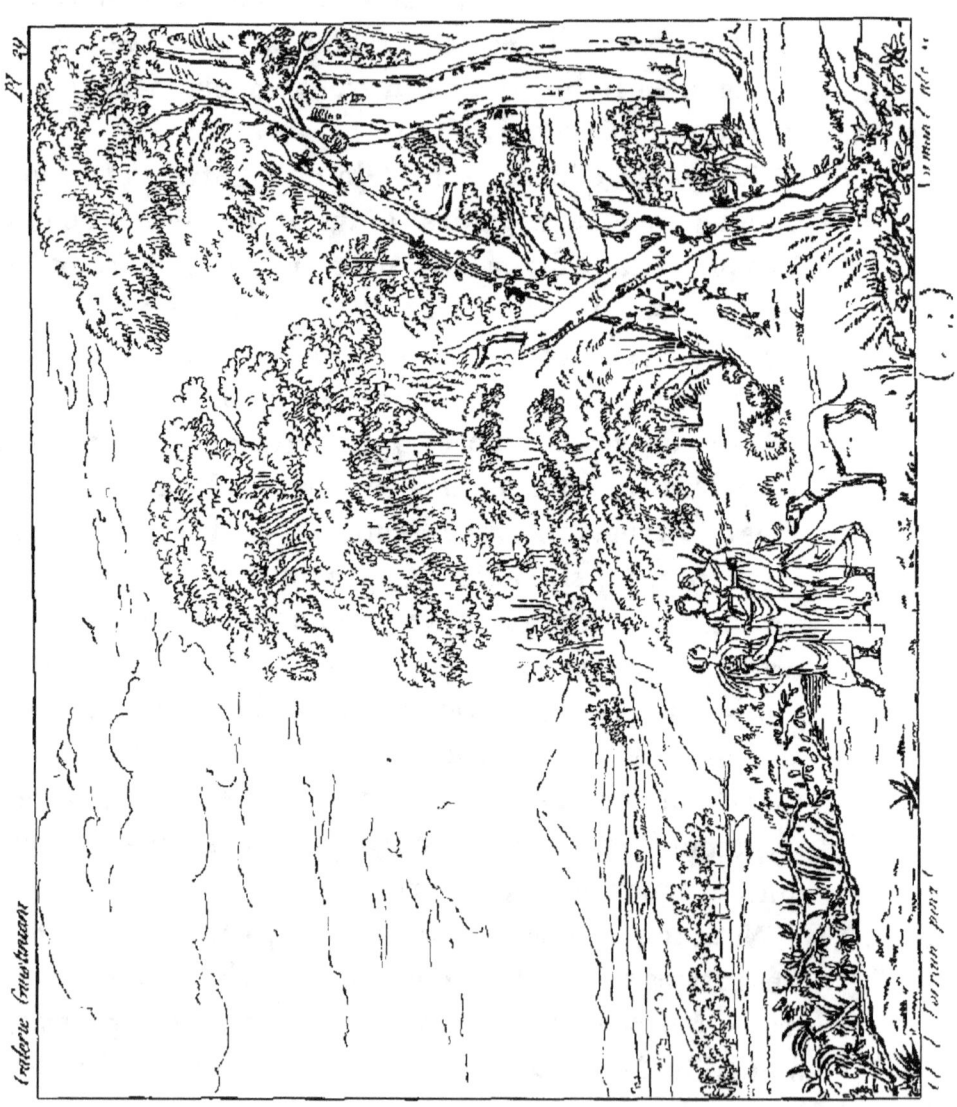

*Planche vingt - neuvième.* — *Paysage ;* Par Claude le Lorrain.

Claude Gelée, *dit* Claude le Lorrain, le plus célèbre comme le plus habile des paysagistes, n'a été égalé par aucun autre dans l'art de peindre les lointains, dont le mérite principal est d'offrir un grand nombre d'objets dans un petit espace. L'horizon de ses tableaux est généralement abaissé, et ce parti de composition fait honneur au goût et au jugement de l'artiste; outre qu'il contribue à faire briller les ciels, les mêmes plans, les mêmes sites présentés sous un point de vue plus élevé, offriraient nécessairement une multitude de détails, un papillotage qui blesserait l'œil sans qu'il y eût rien à gagner pour l'imagination.

Ces riches édifices qui ennoblissent la composition, ces lacs dont les bords sont peuplés d'oiseaux aquatiques, ces prairies émaillées de fleurs, ces arbres dont le port et le feuiller sont variés selon leurs diverses espèces, tout, dans les tableaux de Claude le Lorrain, est l'image vraie de la nature, attire et soutient l'attention de l'amateur, et donne de nouvelles leçons à l'artiste. Il n'y a aucun effet de la lumière que ce peintre n'ait imité, soit dans ses ciels, soit par la réflexion des objets dans le cristal des eaux. Aucun paysagiste n'a aussi bien exprimé les différentes heures du jour; et l'on pourrait dire, sans exagération, qu'il a soumis à son pinceau les phénomènes de la nature. On retrouve dans ses tableaux le ciel pur de Rome et les riches environs de cette ville.

Claude le Lorrain avait peint, comme objet d'étude, un paysage où se trouvaient plusieurs vues de la *Villa-Madama*; il y avait réuni des arbres et des plantes de toute espèce, et se servait de ce tableau comme d'un modèle pour l'exécution de ses ouvrages. Cette *étude* lui était d'un si grand secours, qu'il refusa de la vendre au pape Clément IX, qui lui en avait offert un prix considérable.

On sait qu'il n'a manqué à Claude le Lorrain que de savoir peindre les figures; toutes celles qui sont de sa main sont fort au-dessous du médiocre. Il en convenait de bonne foi : aussi employait-il, pour ces objets, qui n'étaient qu'accessoires dans ses tableaux, le pinceau de différens artistes, entre autres Philippe Lauri.

Tout le talent de Claude se retrouve dans le beau paysage dont nous donnons ici le trait, quoique la composition en soit d'une extrême simplicité. La vigueur du massif d'arbres que l'on voit sur la droite et qui s'étend jusqu'au milieu du tableau, en s'unissant d'une manière harmonieuse avec les lointains, contraste agréablement avec la teinte chaude et animée du fond. Cette partie de la composition est suave et vaporeuse, et du ton le plus léger.

Peint sur toile, largeur cinq pieds quatre pouces, hauteur quatre pieds trois pouces.

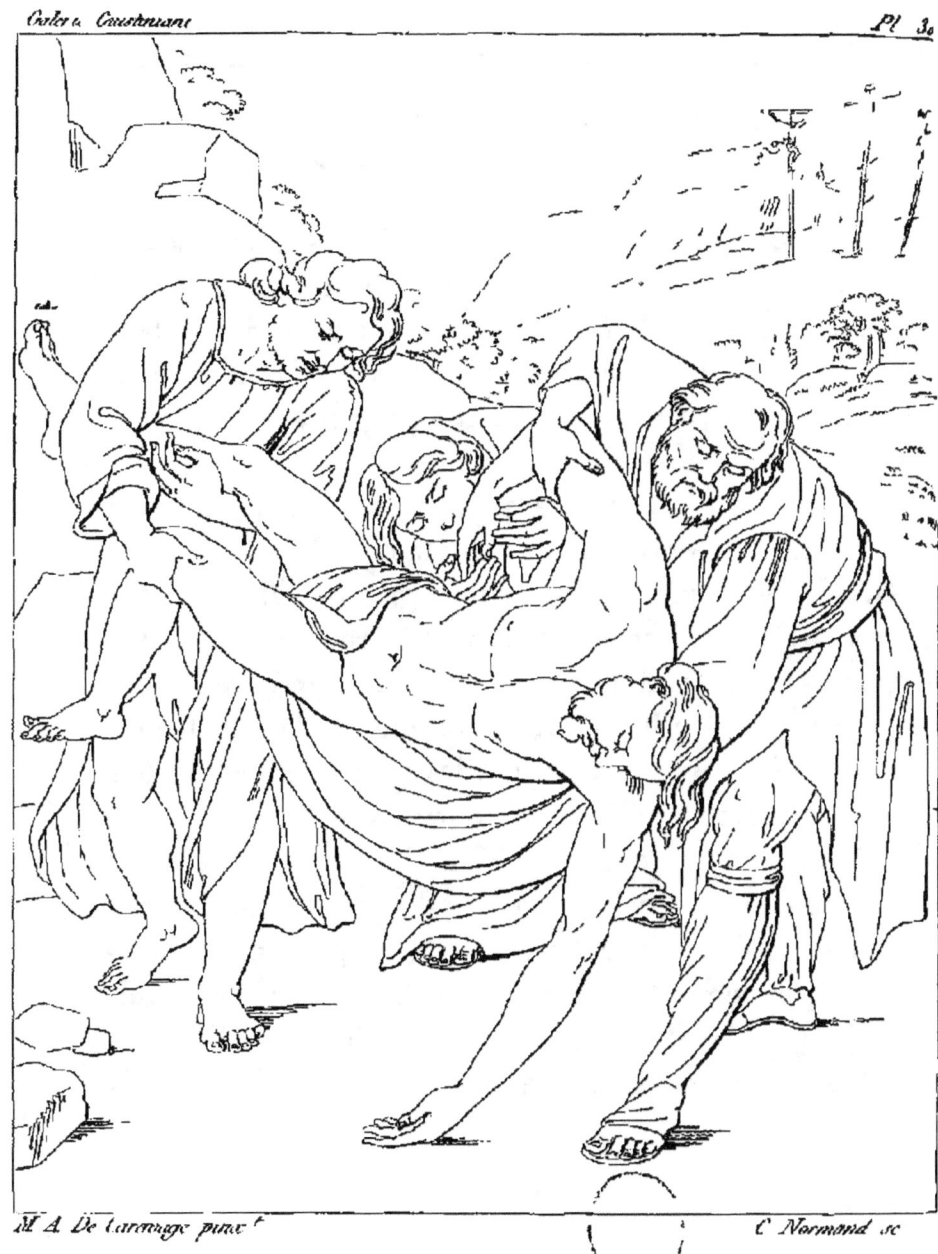

*Planche trentième.* — *Le Christ au tombeau ; Par* Michel-Ange de Caravage.

On ne trouverait sans doute dans aucune autre galerie que celle dont nous donnons ici le catalogue figuré, un choix aussi nombreux et aussi important de tableaux du Caravage. Le Musée Napoléon n'en possède que quatre de ce maître : la collection Giustiniani en offre huit.

S. Joseph d'Arimathie et S. Jean portent le corps de J. C., qu'ils viennent de détacher de la croix ; la Madelaine en pleurs les accompagne, et baise la main du Sauveur. Ce groupe, de forte proportion, se détache sur un fond de rochers d'un ton vigoureux. On aperçoit dans le lointain, au sommet de la montagne, trois croix, sur deux desquelles sont encore attachés les deux larrons qu'on fit mourir avec J. C.

Nous ne pourrions détailler les beautés de ce tableau sans répéter ce que nous avons dit précédemment sur le mérite des productions du Caravage ; nous observerons seulement que celui-ci est d'un ton plus chaud, mais que les lumières en sont moins vives.

Peint sur toile : hauteur huit pieds, largeur six pieds.

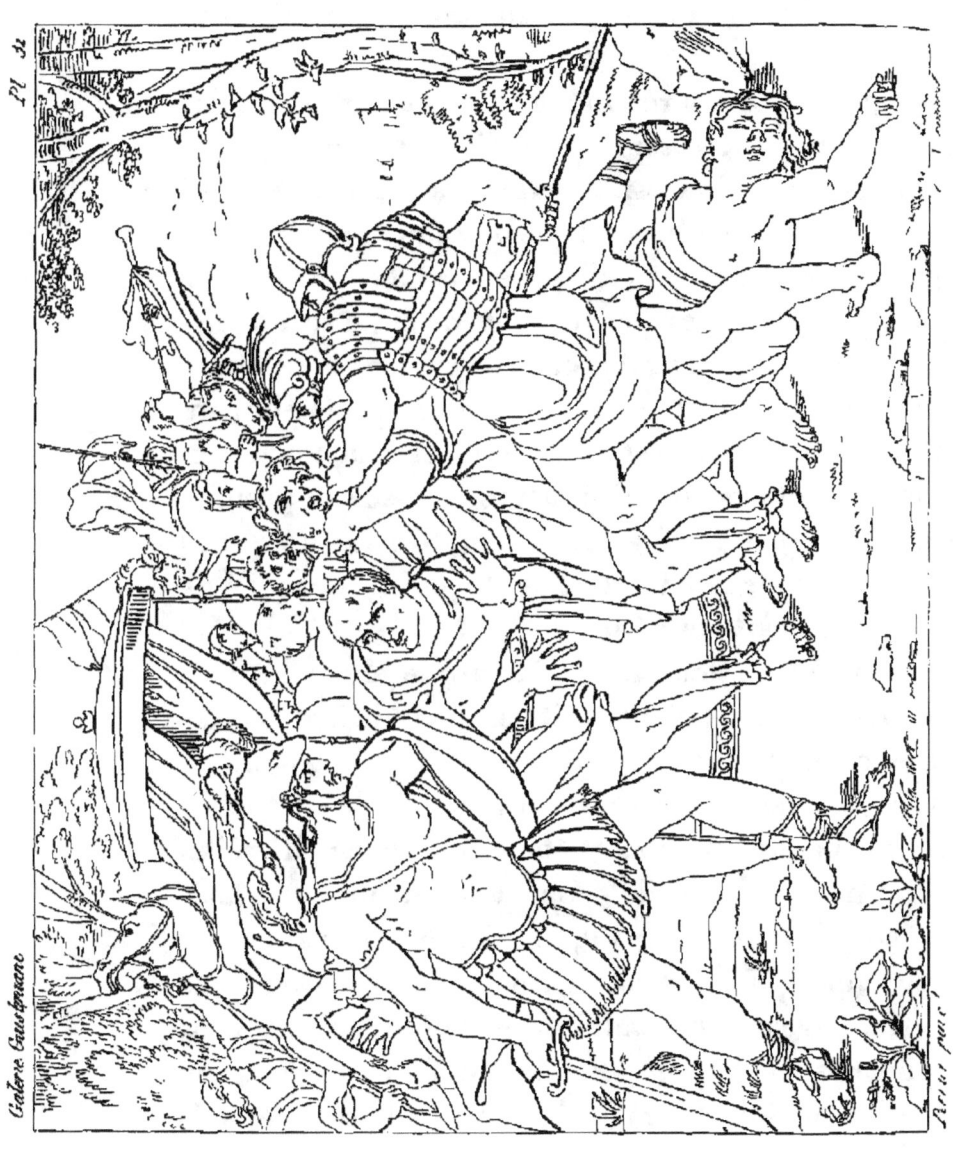

*Planche trente-unième.* — *La Mort de Cicéron; Tableau de* François Perrier.

Le peintre a représenté le moment où Cicéron, atteint par ses assassins près d'une de ses maisons de campagne, fait aussitôt arrêter sa litière, et, pour sauver du danger plusieurs de ses amis qui l'accompagnent, présente tranquillement sa tête au fer des meurtriers. Tous les personnages de cette scène tragique, réunis en un seul groupe, sont dans le désordre et la confusion. D'un côté, à droite du spectateur, on voit un des défenseurs de Cicéron étendu mort aux pieds des soldats; du côté opposé, et sur le premier plan, l'artiste a placé l'infâme Popilius-Lena, qui se prépare à trancher la tête de Cicéron, dont l'éloquence lui avait sauvé la vie.

Pénétré de la lecture de Plutarque, le peintre n'a rien omis de ce qui pouvait faire connaître les diverses circonstances de cette cruelle catastrophe.

François Perrier, fils d'un orfèvre de la Franche-Comté, naquit en 1590; étant fort jeune, il quitta furtivement sa famille pour aller à Rome; mais comme l'argent lui manqua bientôt, il s'attacha à un aveugle qui, desirant faire le même voyage que lui, l'engagea à le conduire. Arrivé à Rome, dans le plus triste équipage, Perrier eut d'abord beaucoup de peine à subsister; mais la facilité de son génie le mit bientôt au-dessus du besoin. Il s'acquit dans le dessin une pratique aisée, agréable et de bon goût, et plusieurs jeunes élèves s'adressaient à lui pour retoucher leurs dessins.

Il se fit connaître de Lanfranc, qui jouissait d'une

grande réputation ; il s'attacha à la manière de ce peintre, et ne tarda pas à acquérir une grande facilité de pinceau. Se sentant animé par la promptitude avec laquelle il maniait les couleurs, il prit le parti de retourner en France. En passant par Lyon, il s'y arrêta pour peindre le cloître des Chartreux ; enfin, de retour à Paris, il travailla quelque temps pour Simon Vouet. Il fit un second voyage en Italie : après y avoir fait un séjour de dix années, il revint enfin se fixer à Paris, en 1645. Ce fut à cette époque qu'il peignit l'hôtel de la Vrillière, l'église des Filles de la Visitation, rue Saint-Antoine, et fit pour divers particuliers plusieurs tableaux de chevalet. Il mourut professeur de l'académie, en 1660.

Perrier a beaucoup gravé à l'eau-forte, entre autres un recueil d'antiques et les tableaux des loges du Vatican, d'après Raphael.

Il grava aussi quelques antiques dans la manière dite de *clair-obscur*, dont on lui attribue l'invention ; mais cette manière avait été mise en usage, avant Perrier, par le Parmesan. On désigne ainsi une estampe imprimée ordinairement avec trois planches gravées, soit en bois, soit sur cuivre. La première marque le trait ; la seconde une demi-teinte générale, en réservant les lumières ; la troisième les fortes ombres, ce qui imite parfaitement un dessin au lavis, rehaussé de blanc.

Le tableau de la mort de Cicéron est peint sur toile, et à sept pieds de large sur cinq pieds et demi de haut.

Le Musée Napoléon ne possède aucun ouvrage de François Perrier.

*Galerie Giustiniani.* Pl. 32

*Jules Romain pinx.* C. *Normand sc.*

*Planche trente-deuxième.* — *Le Mariage de sainte Catherine; Tableau de* Jules Romain.

Cinq figures à mi-corps, proportion de petite nature, composent ce tableau précieux. L'Enfant Jésus, assis sur les genoux de sa mère, présente à sainte Catherine l'anneau nuptial. S. Jean et S. Joseph, placés derrière eux, et vus dans la demi-teinte, font ressortir le groupe principal.

On sait combien sont rares les tableaux de Jules Romain peints par lui seul, c'est-à-dire sans l'aide des élèves qu'il avait coutume d'employer à l'exécution de ses ouvrages. Les artistes et les amateurs les plus distingués s'accordent à penser que celui-ci est entièrement de la main du maître. La figure de l'Enfant Jésus est d'un dessin correct; les trois têtes principales sont pleines de grâce et de finesse; l'ensemble est du pinceau le plus soigné. Les carnations semblent peut-être un peu animées : tel est assez ordinairement le ton local des nus dans les tableaux de Jules Romain; mais on ne peut disconvenir que les teintes des draperies sont très-suaves et très-harmonieuses. Le voile qui couvre la tête de la Vierge et retombe sur sa poitrine et sur ses épaules, est d'un jaune clair; et, selon l'usage adopté par les peintres, son manteau est bleu, et sa tunique d'un rouge assez vif, mais dont l'œil n'est pas blessé. La robe de sainte Catherine est gris de lin; elle relève de la main gauche son manteau, dont la nuance est verte.

Ce tableau, placé au premier rang dans la galerie

Giustiniani, obtiendrait la même distinction dans toute collection du choix le plus sévère. Nous terminerons cet article par quelques particularités sur l'auteur de ce bel ouvrage.

Jules Romain était dans l'habitude de tracer lui-même les cartons de ses tableaux, et les donnait à exécuter à ses élèves. Il retouchait ensuite la peinture en entier, corrigeait les défauts, et ne suivait dans cette dernière partie de son travail que l'inspiration de son génie. Il tenait de Raphaël cette excellente méthode, qu'on regarde, avec raison, comme la plus sûre pour former d'habiles élèves, et que les peintres du temps actuel devraient adopter.

On regrette, pour la gloire de Jules Romain, que les peintures qu'il a exécutées au palais du T, à Mantoue, aient été retouchées par des artistes modernes. La fable gracieuse de Psyché, que l'on considère comme une allégorie de la vie humaine, et le terrible combat des Titans contre Jupiter, pour lequel on dirait que Michel-Ange a prêté à Jules Romain ses contours fiers et sévères, présentent à la vérité la composition et le dessin de ce maître, mais non sa touche ferme et animée.

Le tableau du Mariage de sainte Catherine est peint sur bois, et a trente-trois pouces de haut sur vingt-six de large.

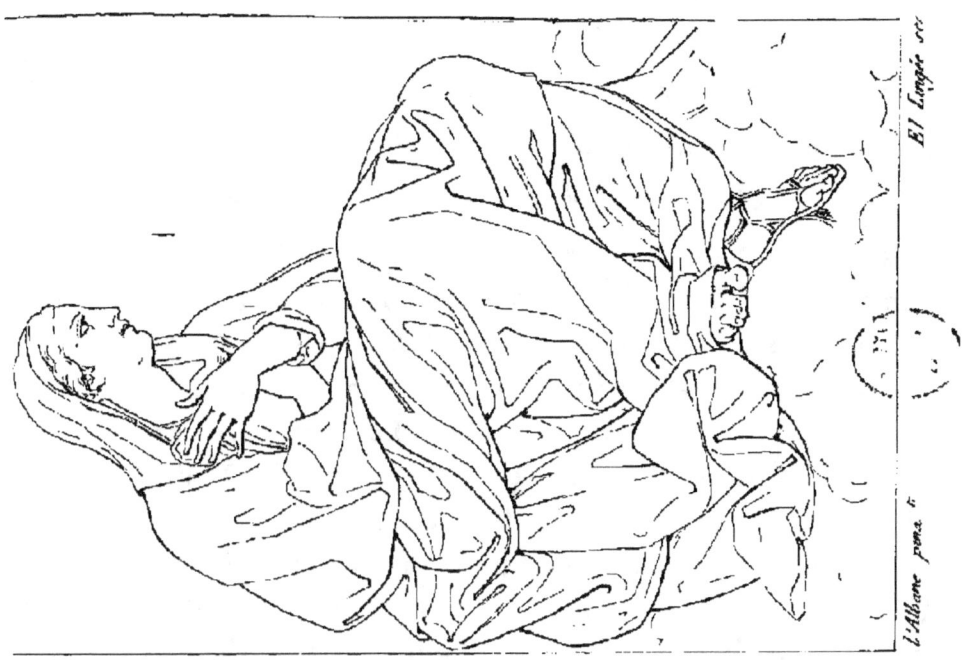
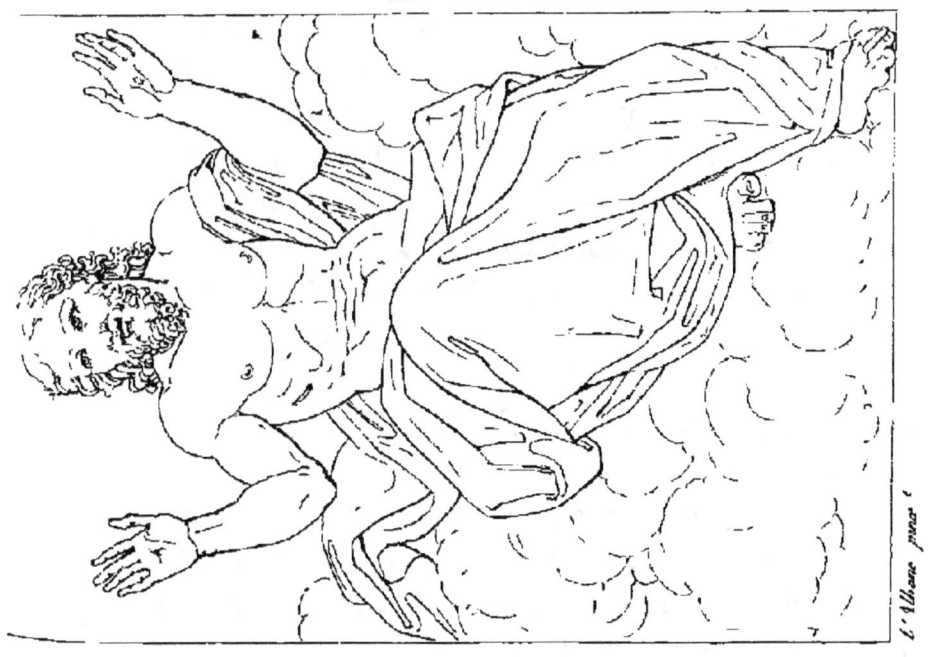

*Planche trente-troisième.* — 1. *Jésus-Christ dans sa gloire.*
2. *La Vierge dans le Ciel; Tableaux de l'*Albane.

Ces deux tableaux sont indiqués dans cet article comme étant de la main de l'Albane, parce qu'en effet ils sont sortis de son pinceau; mais Annibal Carache en avait fourni les dessins, de même que ceux des treize tableaux suivans, qui ont été exécutés, soit par lui-même, soit par l'Albane ou le Dominiquin. Nous désignerons dans chaque article le nom du peintre auquel chacun des tableaux de cette suite a été attribué.

Ils sont tous remarquables par la noblesse du style, la grandeur et la correction du dessin, le bel ajustement des draperies et la force de la couleur. Ils sont tous de la même dimension et peints sur toile. Hauteur quatre pieds deux pouces, largeur trois pieds. Le fond de ces quinze tableaux est d'un ton jaune et lumineux, et présente un ciel ouvert. Nous en prévenons le lecteur, pour ne pas nous répéter dans la description succincte que nous allons lui soumettre.

1. Jésus-Christ dans sa gloire. Il est représenté de face et assis sur des nuages; il lève les bras et fait voir les plaies de ses mains. Cette belle figure est drapée de blanc. La bonté et la douceur brillent dans tous les traits de son visage.

2. La Vierge dans le ciel. Elle est assise, les mains croisées sur la poitrine, et dans l'attitude du recueillement. Sa tunique est rouge et son manteau d'une belle couleur bleue. On ne peut concevoir un profil plus gracieux que celui de cette Vierge. Les mains sont de la plus belle forme et touchées admirablement.

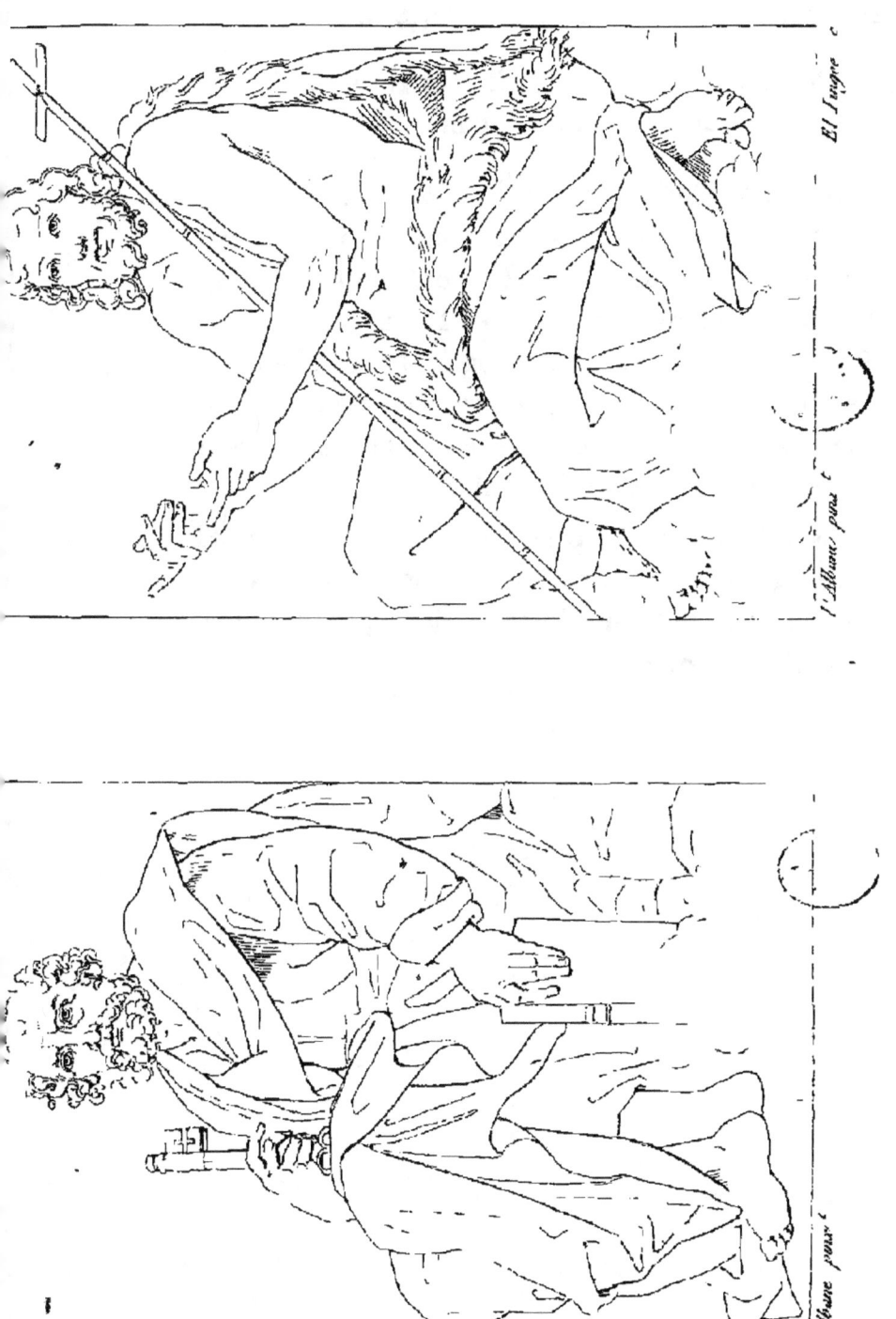

*Planche trente-quatrième.* — 1. *S. Pierre.* 2. *S. Jean-Baptiste ; par l'*Albane.

1. S. Pierre, le chef des apôtres, vêtu d'une tunique bleue recouverte en partie d'un manteau jaune, est représenté assis, la main gauche posée sur un livre, et tenant de la droite la clef qui lui a été confiée par J. C. Il a le front chauve, sa barbe et ses cheveux sont gris, son regard est fixe, l'expression de ses traits est ferme et austère. Ce tableau a été gravé par Bloëmaert. L'estampe est au cabinet impérial.

2. S. Jean-Baptiste, le précurseur de Jésus-Christ. Il annonce l'arrivée du Messie. La partie supérieure de son corps est nue. Sa draperie est violette, et doublée de la peau d'un animal.

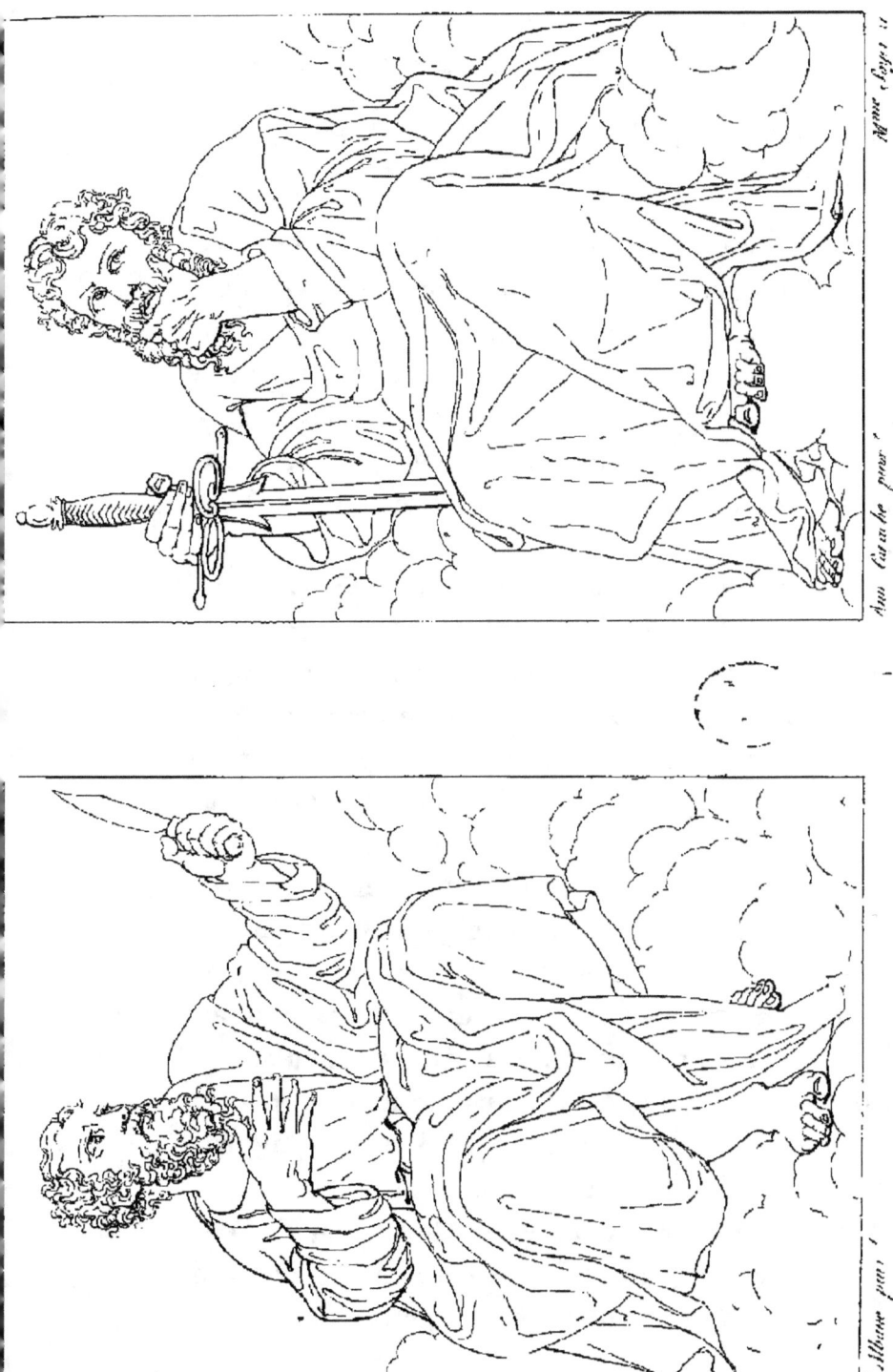

*Planche trente-cinquième.* — 1. *S. Barthélemy; par l'*Albane. 2. *S. Paul; par* Annibal Carache.

Le premier des deux sujets de cette planche représente S. Barthélemy. Sa main droite est appuyée sur sa poitrine; il tient de la gauche le couteau, instrument de son supplice. Son vêtement est rouge; le manteau qui tombe sur ses genoux est blanc. Une belle chevelure, une longue barbe bouclée, accompagnent d'une manière très-pittoresque cette tête pleine d'expression.

La seconde figure est celle de S. Paul. Il est dans l'attitude du recueillement. Son menton est appuyé sur sa main gauche; sa main droite est posée sur une longue épée. Sa chevelure est noire. Son vêtement est vert. Une ample draperie rouge cache les parties inférieures de son corps, et retombe sur les nuages qui le soutiennent.

Ce dernier tableau a été gravé par Bloëmaert, avec quelques changemens. Dans l'estampe, la main gauche est élevée vers le ciel, et la tête n'est pas absolument semblable; l'Albane aura sans doute répété ce sujet. M. Visconti, de qui nous tenons cette particularité, présume que l'attitude étant plus caractéristique et plus imposante dans le tableau que dans la gravure, celui-ci a été peint postérieurement au tableau que Bloëmaert a pris pour modèle. Peut-être aussi l'estampe a-t-elle été gravée d'après un dessin ou une esquisse, avant que le tableau fût exécuté.

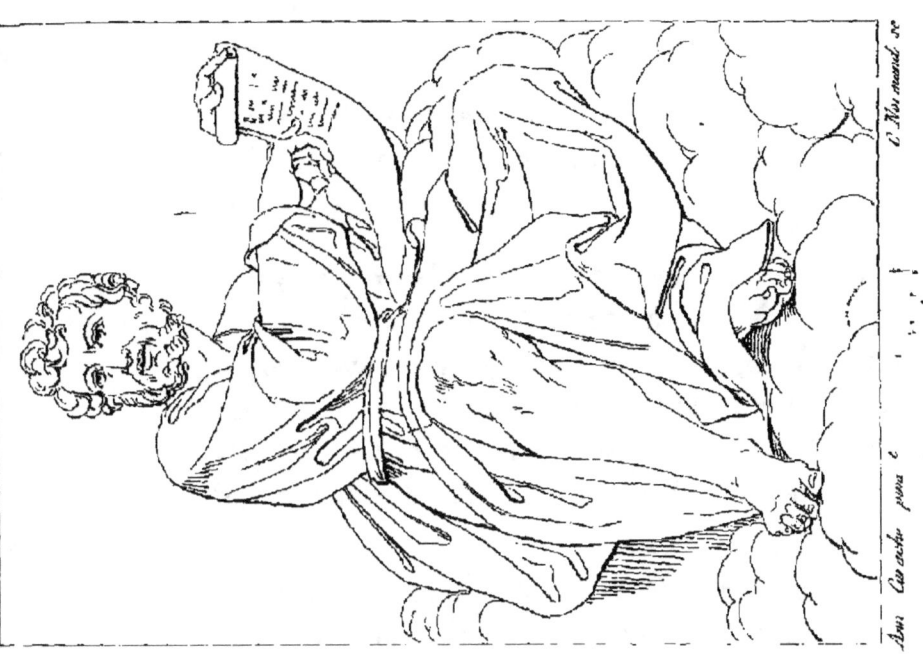

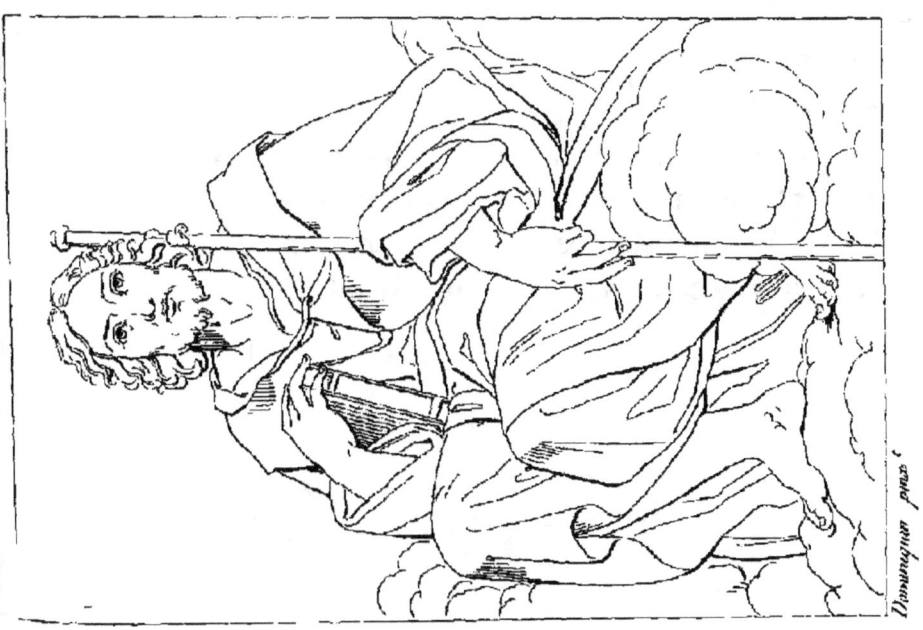

*Planche trente-sixième.* — 1. *S. Jacques-Majeur ; par le* Dominiquin. 2. *S. Jacques-Mineur ; par* Annibal Carache.

1. S. Jacques-Majeur, dont l'attitude et la physionomie annoncent la gravité, a la main droite posée sur un livre; il tient de la gauche le bâton avec lequel on a coutume de le représenter, et qui sert à le faire reconnaître. Sa tunique est bleue; la draperie supérieure d'un jaune clair ; sa chevelure d'un blond foncé.

2. S. Jacques-Mineur. La pose de cette figure a du mouvement et de la fierté. Il tient un rouleau sur lequel sont tracés des caractères qui, sans doute, font allusion à sa lettre comptée parmi les épitres canoniques; il paraît indiquer du doigt un passage de cette épître. Son vêtement se compose d'une large tunique verte, et d'un manteau gris-clair, glacé de bleue.

Ces deux figures, de même que les précédentes et celles qui vont suivre, sont d'un dessin très-soigné. Les extrémités sur-tout sont rendues avec une extrême précision, et touchées d'un pinceau magistral.

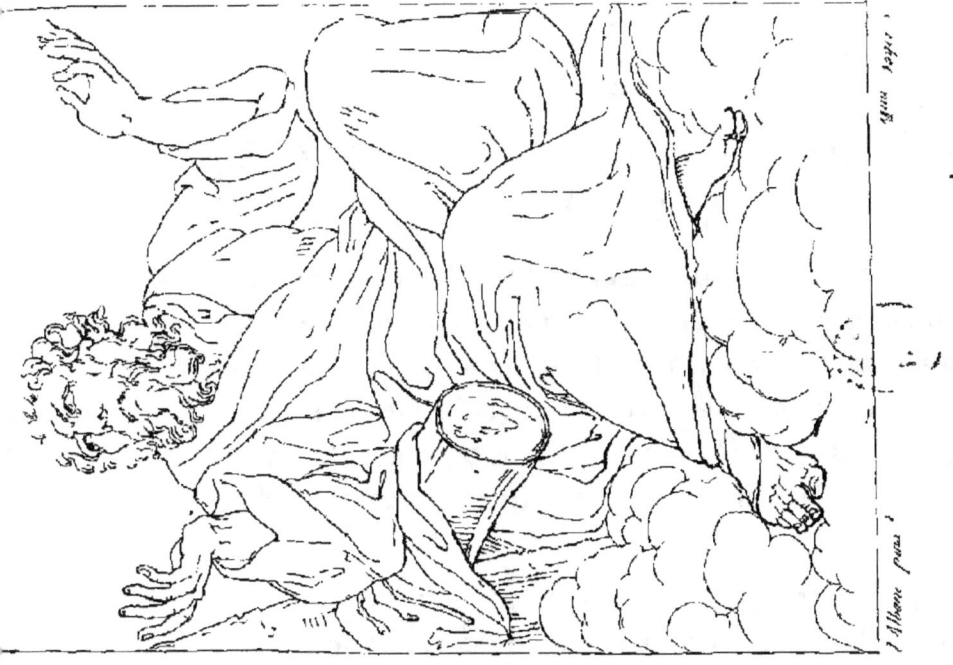

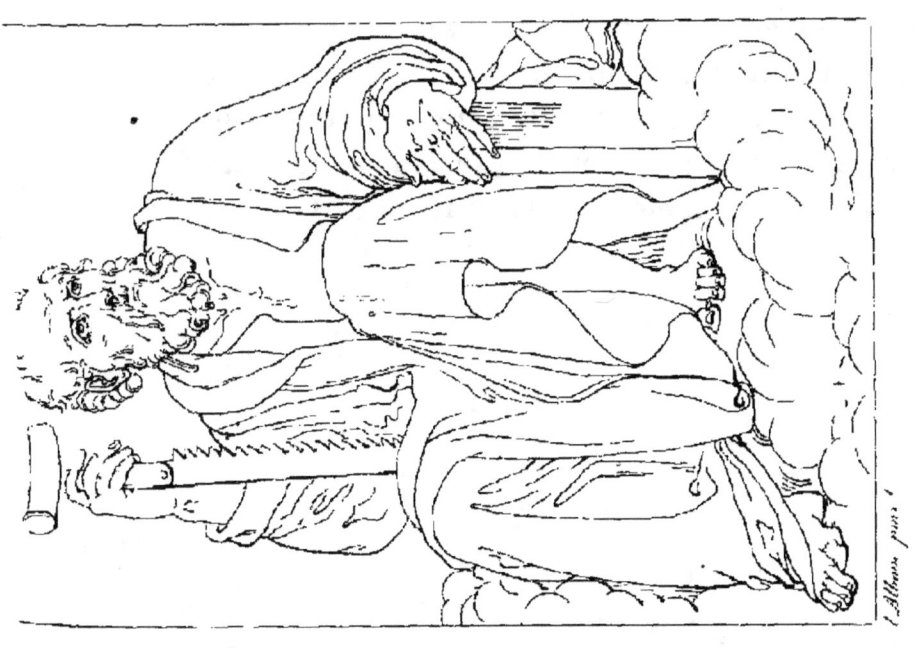

*Planche trente-septième.* — 1. *S. Simon.* 2. *S. André;*
*Peints par l'*Albane.

1. S. Simon, sous les traits d'un vieillard vénérable, tient dans sa main gauche une scie, instrument de son martyre; la droite est posée sur un livre. Il est couvert d'un large manteau rouge, glacé d'une teinte aurore, et sous lequel on aperçoit une partie de sa tunique, dont la nuance est verdâtre. La tête est d'un grand caractère.

2. La seconde figure de cette planche est celle de S. André, les yeux et les mains élevés vers le ciel; son bras droit est appuyé sur la croix, attribut qui le distingue. Son vêtement est d'un bleu clair; la draperie supérieure est d'une teinte jaunâtre. Cette figure, quoique bien exécutée, est moins heureuse que la plupart de celles qui composent cette suite, tant sous le rapport du caractère de la tête que sous celui de l'attitude : les extrémités offrent une sorte de symétrie dont l'effet nuit presque toujours à l'agrément de la composition.

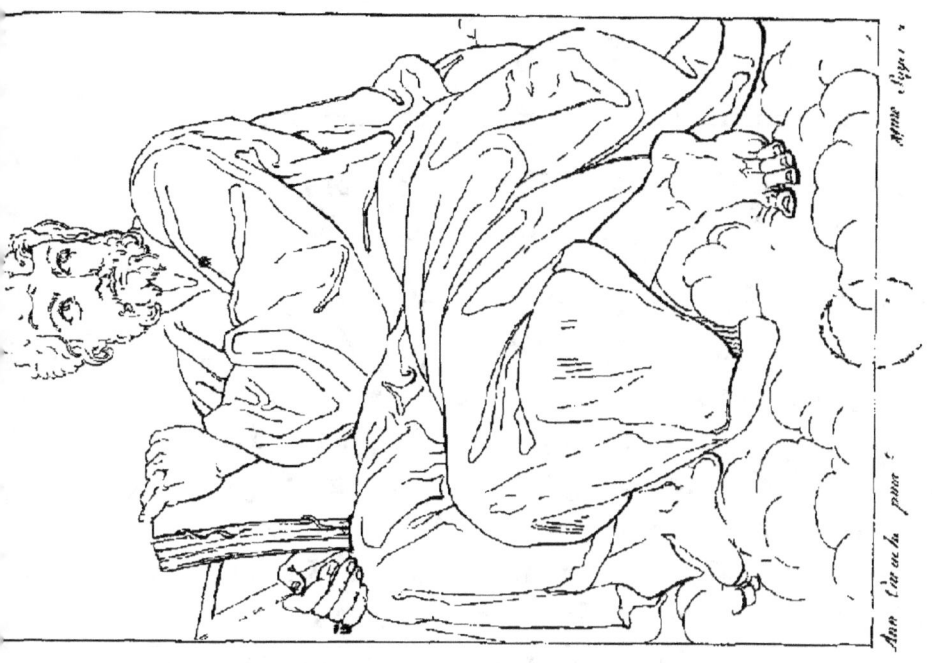

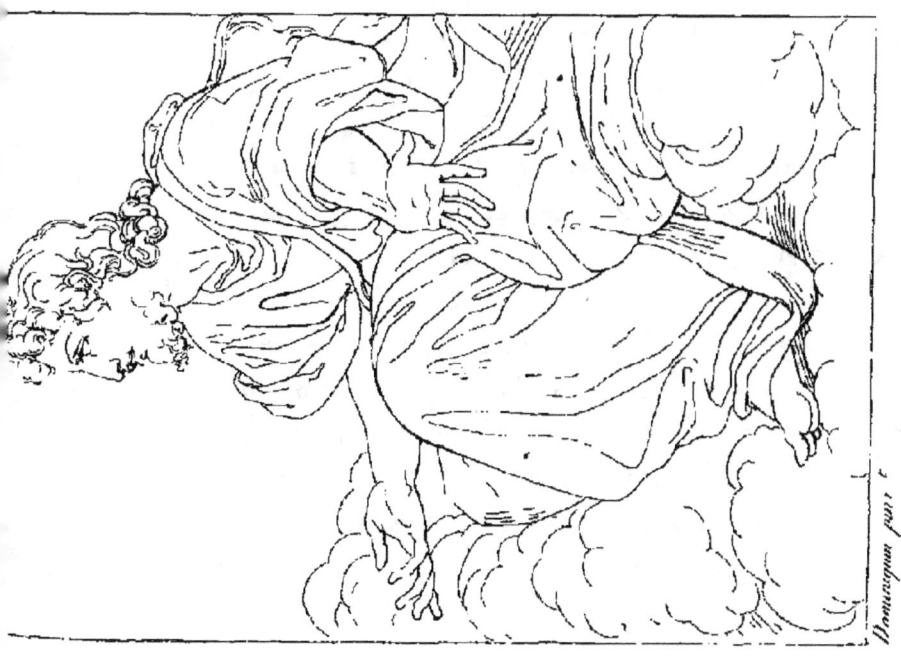

*Planche trente-huitième.* — 1. *S. Thomas ; par le* Dominiquin. 2. *S. Philippe ; par* Annibal Carache.

La première figure de cette planche est celle de S. Thomas. Il semble, par son attitude, par son geste, son regard, par l'expression générale de ses traits, s'excuser de son incrédulité auprès du Seigneur. La tête de cet apôtre représenté jeune et avec une physionomie où brillent la candeur et l'aménité, est peut-être une des plus belles qui soient sorties du pinceau du Dominiquin. La pose de la main droite et le raccourci de la gauche semblent d'un effet peu gracieux dans cette planche, parce qu'ils n'y sont exprimés qu'au simple trait. Le clair-obscur, le coloris et la touche savante de l'artiste, font disparaître dans le tableau ce qui paraît offrir ici une incorrection.

La barbe et la chevelure de S. Thomas sont d'un blond doré, et touchées avec beaucoup de légèreté et de finesse. Sa tunique est d'un vert glacé de jaune-obscur, dont la teinte est relevée par la couleur rouge pourpré de son manteau ; les plis en sont ajustés avec goût.

La seconde figure représente S. Philippe. Le tableau est attribué à Annibal Carache. La physionomie de l'apôtre est douce et indique l'attention. Il tient d'une main un livre, et de l'autre une équerre. La draperie supérieure est verte, l'autre est d'un jaune clair.

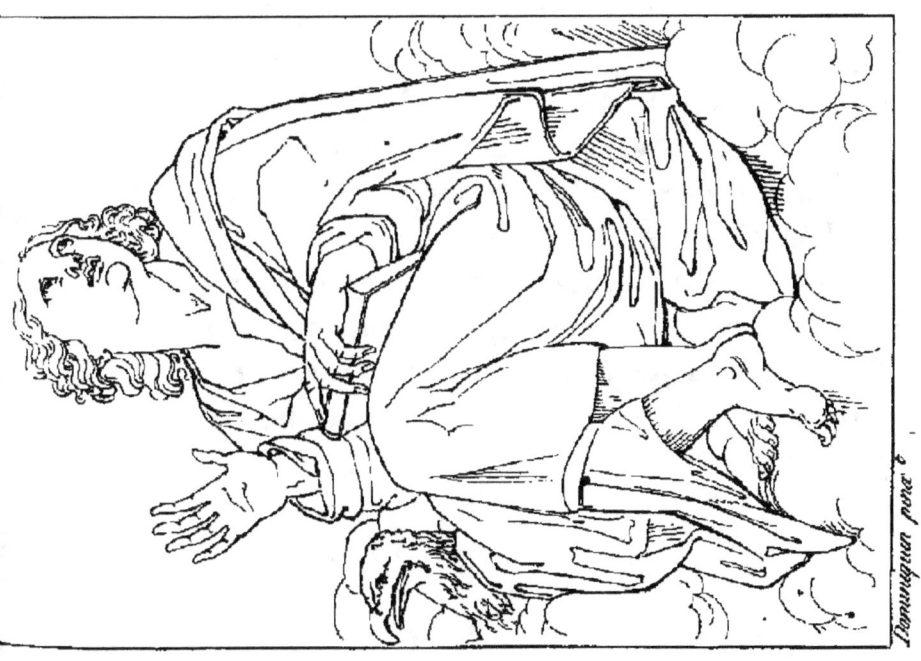

Ann. Carrache pinx.t    M.me Soyer sc.

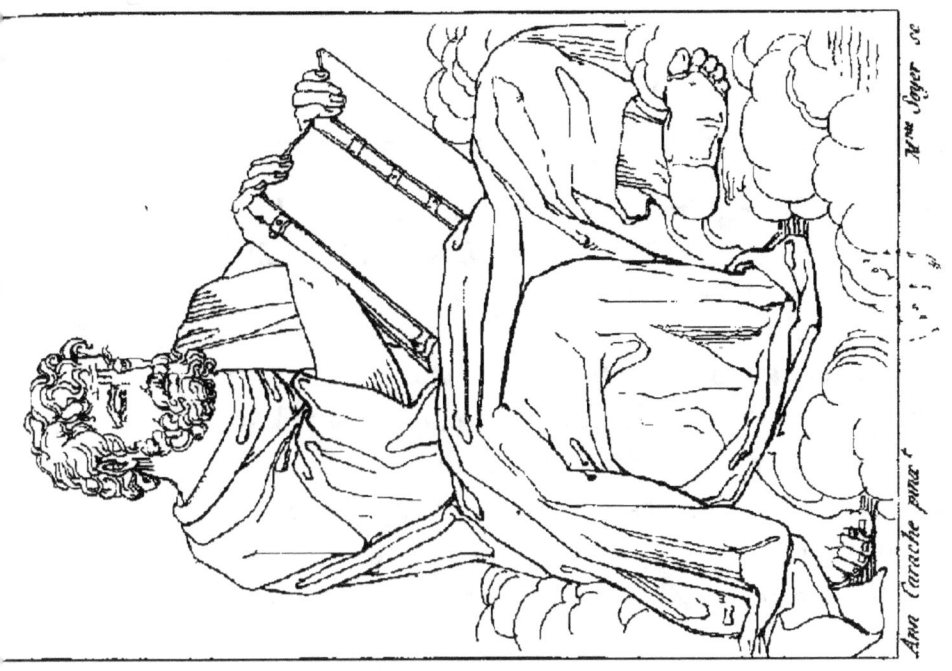

Domimiquin pinx.t

*Planche trente-neuvième.* — 1. *S. Jean l'évangéliste;* peint par le Dominiquin. 2. *S. Mathieu;* par Annibal Carache.

1. S. Jean l'évangéliste, assis, et les jambes croisées, élève ses regards vers le ciel. Sa physionomie est pleine d'expression. Sa main droite est étendue; de l'autre il tient un livre posé sur ses genoux. Son aigle est à ses côtés. Cette figure est ajustée largement et du meilleur goût; la draperie supérieure est verte, l'autre d'un ton pourpré.

2. Le livre sur lequel cet apôtre paraît méditer, le fait reconnaître pour S. Mathieu, l'un des évangélistes. L'ange, dont il est ordinairement accompagné, n'a pu trouver place dans ce tableau, lequel fait partie d'une série de sujets qui ne comportent qu'une seule figure; d'ailleurs on ne saurait confondre celle-ci avec S. Jean, ni avec les deux autres évangélistes S. Marc et S. Luc, qui, n'étant pas au nombre des apôtres, ne pouvaient avoir place dans cette suite.

La physionomie de S. Mathieu est austère, ses cheveux noirs semblent y ajouter encore un degré de sévérité. Un manteau jaunâtre cache l'épaule droite, une partie du corps et la jambe droite. La tunique est d'un rouge clair, avec une nuance de carmin.

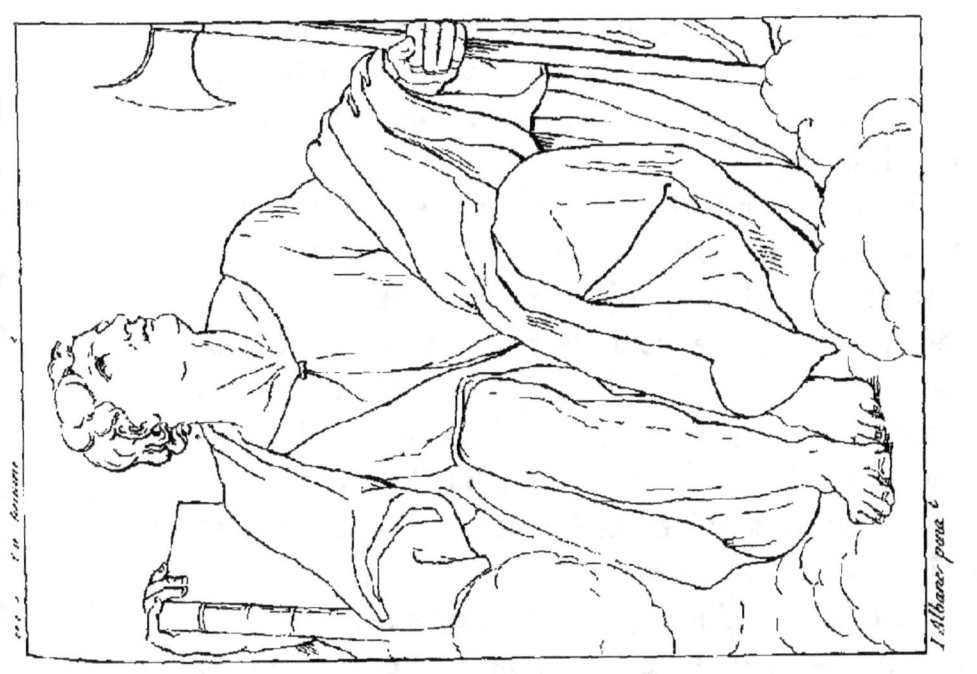

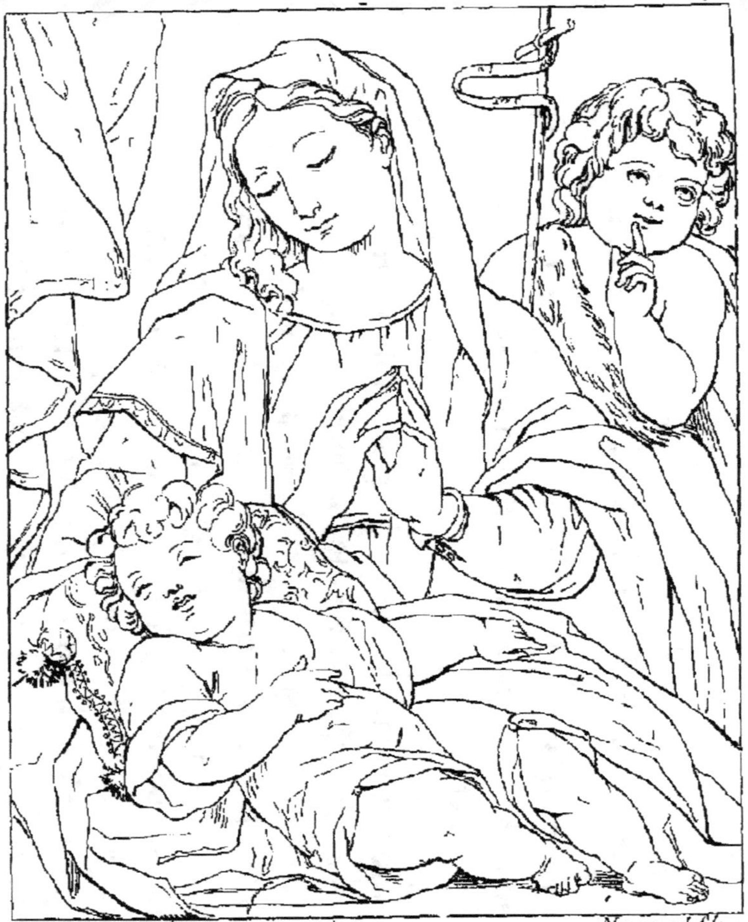

*Planche quarantième.* — 1. *S. Judas Thadée*; peint par *l'Albane.* 2. *Le Sommeil de l'Enfant Jésus*; par Scipion Gaëtano.

La figure première de cette planche, et dernière de la suite des apôtres, représente S. Judas Thadée. Sa tête, qu'il tient élevée vers le ciel, est presque de profil; il tient de la main gauche la hache, instrument de son martyre; la droite est posée sur un livre. Son vêtement se compose d'une tunique d'un ton brun-violâtre, et d'un manteau vert ajusté d'une manière large et pittoresque. La tête de l'apôtre offre peu d'idéal dans les formes comme dans l'expression; mais elle est rendue avec tant de vérité, qu'il est probable que le peintre a eu l'intention de faire un portrait.

Il n'est pas besoin de faire remarquer que tous les tableaux de cette suite avaient été destinés à être placés dans un lieu élevé. On peut en juger d'après le raccourci des figures.

Le deuxième sujet tracé sur la même planche, est le Sommeil de l'Enfant Jésus. Il est couché dans son berceau, la tête appuyée sur un coussin d'étoffe brodée en or. La Vierge a les mains jointes, et contemple avec admiration le rédempteur du monde. Près d'elle est le petit S. Jean; il porte un doigt à sa bouche comme pour recommander le silence. Ce morceau joint à la grâce des formes et des caractères, la fraîcheur du coloris et un fini précieux.

L'auteur de ce tableau, *Scipione Pulzone*, de Gaëte, plus connu sous le nom de Scipion Gaëtano, élève de Jacopino del Conte, peintre florentin, chercha à se créer une manière moyenne entre celle de Raphaël et celle d'André del Sarto. Il se fit une grande réputation dans le portrait, et en peignit un grand nombre pour les papes et pour les princes de son temps. Son succès fut tel, que plusieurs personnes l'appelaient le Vandyck de l'école romaine. Gaëtano a fait plusieurs tableaux d'histoire, où l'on remarque un bon goût de composition, un dessin correct, un coloris gracieux. Il a peint, entre autres, une sainte Famille qui se voyait à la galerie Borghèse, un Christ au Jardin des Olives, pour le Musée de Florence, et a exécuté pour divers cabinets quelques petits tableaux ; ils sont fort recherchés.

Scipion Gaëtano est mort à l'âge de 38 ans, sous le pontificat de Sixte V.

Le tableau du Sommeil de l'Enfant Jésus est peint sur bois. Hauteur trente-quatre pouces, largeur vingt-huit pouces.

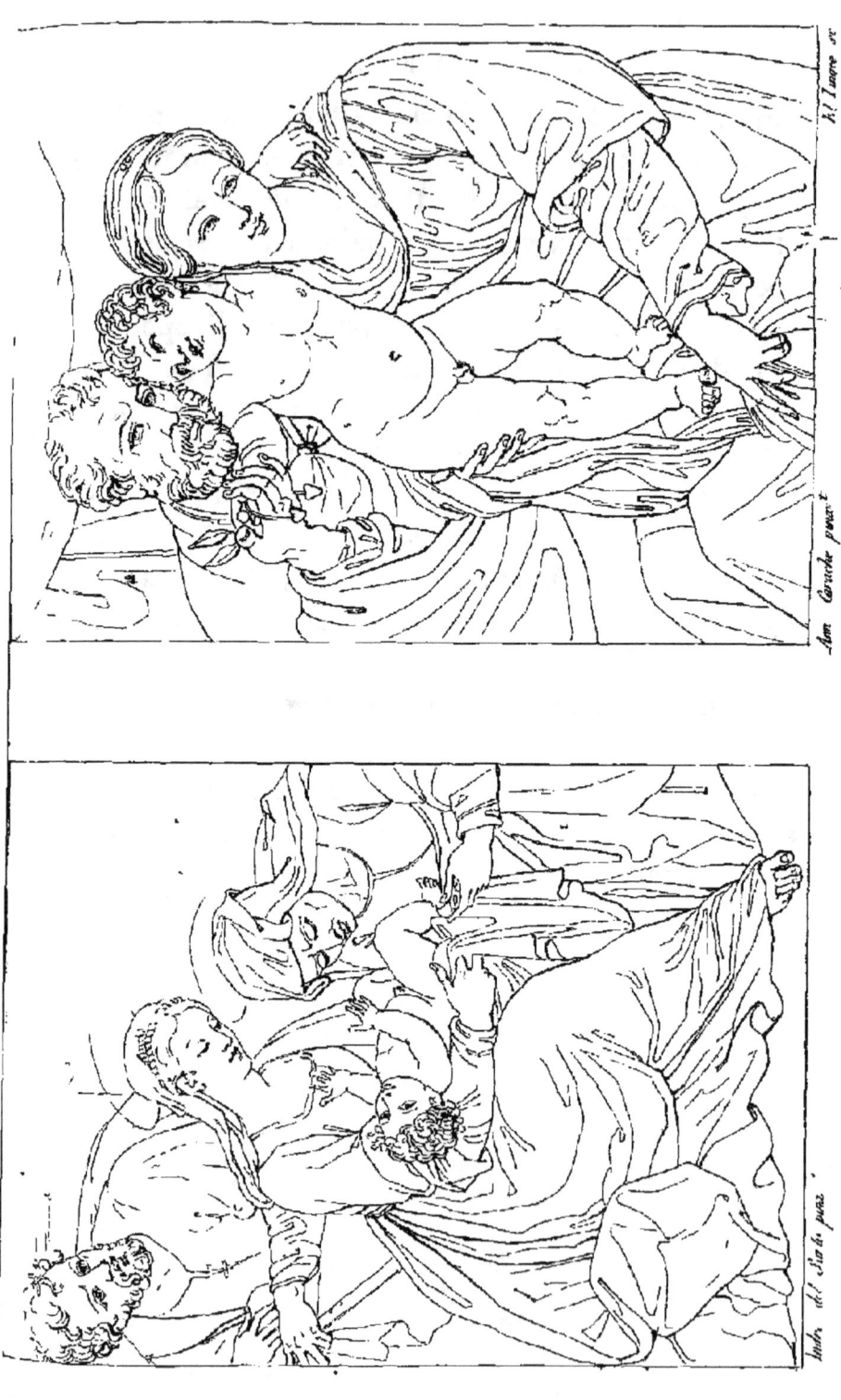

*Planche quarante-unième.* — 1. *La sainte Famille ; par* André del Sarto. — 2. *Le même sujet ; par* Annibal Carache.

1. La Vierge, assise, tient dans ses bras l'Enfant Jésus, et le présente à sainte Anne, qui est en adoration devant lui ; derrière eux est S. Joseph.

Ce tableau se fait remarquer par la sagesse et la douceur de l'expression, la fraîcheur des teintes et la grâce du pinceau. On le regarde comme le plus important de ceux du maître dans la collection Giustiniani.

Peint sur bois. Hauteur 3 pieds 9 pouces, largeur 2 pieds 10 pouces.

2. Le même sujet, peint par Annibal Carache. Dans ce dernier, les figures sont vues à mi-corps et dans une plus forte proportion. La Vierge est assise et tient sur ses genoux l'Enfant Jésus entièrement nu. Près de lui est S. Joseph qui lui présente des cerises.

On trouve dans ce tableau tout ce qui caractérise la manière d'Annibal Carache : un style noble, un dessin grand et correct, un coloris vigoureux, une touche large et moëlleuse.

Peint sur toile. Hauteur trois pieds, largeur 2 pieds 5 pouces.

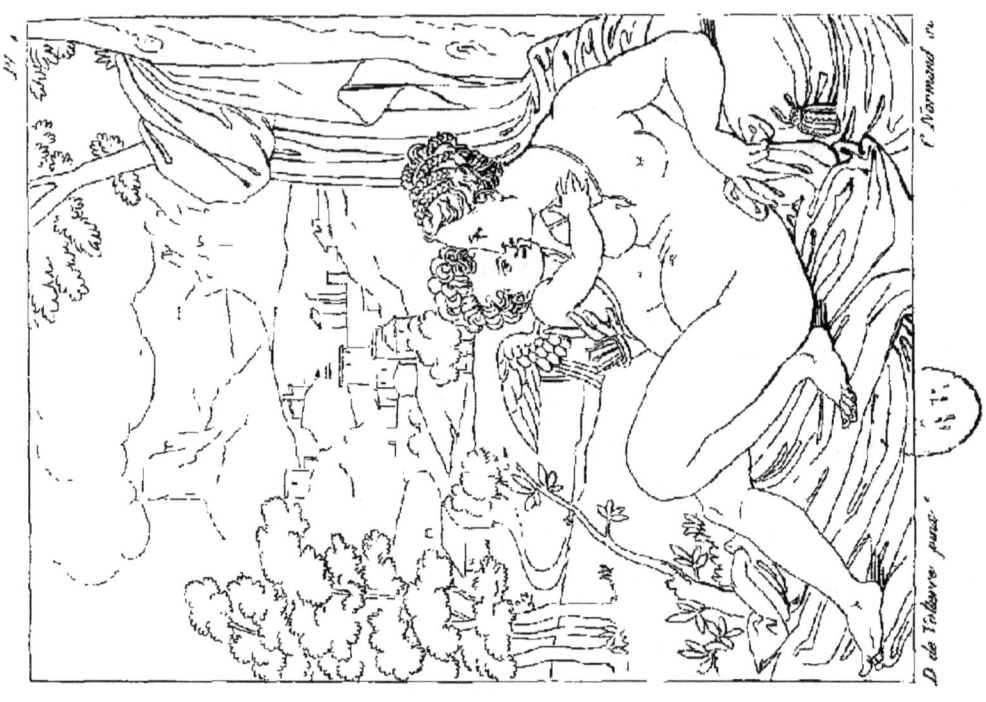

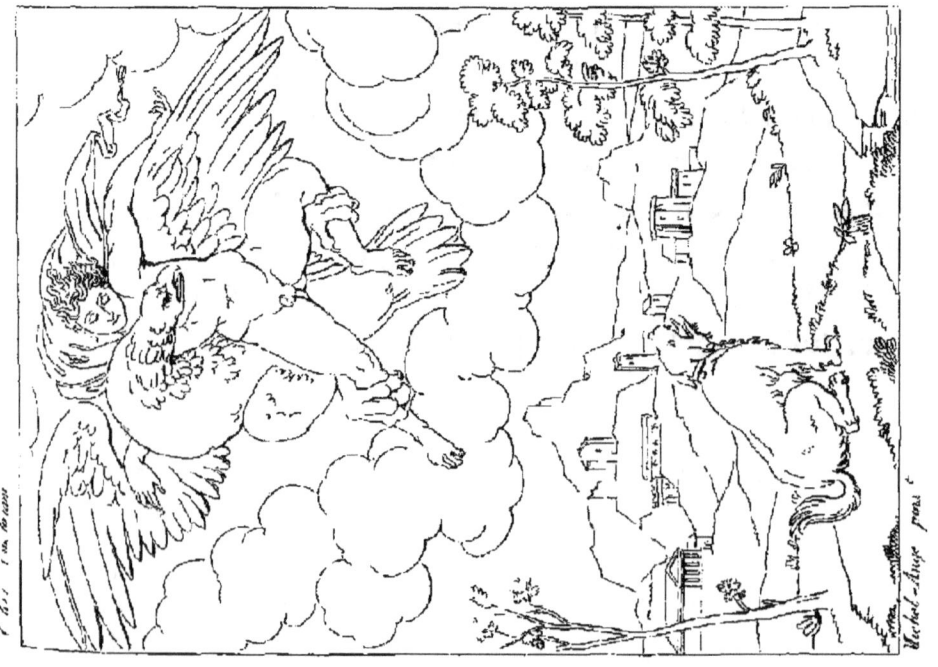

*Planche quarante-deuxième.* — 1. *L'Enlèvement de Ganimède ; Tableau de* Michel-Ange. 2. *Vénus assise dans un paysage ; par* Daniel de Volterre.

Ganimède, fils de Tros, roi de Troie, était d'une si grande beauté, que Jupiter en voulut faire son échanson. Un jour que le jeune Phrygien chassait sur le mont Ida, ce dieu, sous la forme d'un aigle, l'enleva dans l'Olympe, et le plaça dans le zodiaque, sous le nom de Verseau.

Ce groupe est plein de mouvement et d'expression ; il est savamment dessiné, et du pinceau le plus soigné ; il y règne sur-tout une finesse et une transparence de ton qu'on ne croirait pas devoir attendre d'un artiste tel que Michel-Ange, d'un artiste qui, uniquement livré dès sa plus tendre jeunesse aux travaux de la sculpture, eut tant de peine à se décider à peindre la fresque, et qui disait hautement que la peinture à l'huile était un ouvrage de femme ou de gens oisifs et paresseux.

L'enlèvement de Ganimède est incontestablement de la composition de Michel-Ange. L'œuvre gravé de ce maître en fait foi. Quelques personnes avaient pensé que la peinture pouvait être de la main de Daniel Volterre, d'après le dessin de son maître ; mais on s'accorde à l'attribuer à Michel-Ange, et à penser que l'exécution, comme la pensée, en est due à ce grand peintre.

Ce tableau est peint sur toile. Hauteur 56 pouces, largeur 27 pouces.

La même planche contient un autre sujet : Vénus caressant l'Amour qu'elle tient entre ses bras. Le style de la figure et du paysage rappelle évidemment l'école de Michel-Ange, aussi ce tableau a-t-il été regardé long-temps comme un ouvrage de ce grand maître, et annoncé comme tel dans les anciens catalogues de la maison Giustiniani. Cependant les connaisseurs, n'y ayant pas retrouvé tout le grandiose et toute la correction qui caractérisent son pinceau, ont pensé d'abord qu'il était de Vasari, qui a tâché d'imiter le style de son maître, et dont le coloris, dans les tableaux de chevalet, est le même que dans celui-ci. D'après un plus mûr examen, on n'a pas hésité à l'attribuer à Daniel de Volterre. La pose de la figure principale est entièrement dans le goût de l'école florentine. Le coloris offre peu de variété dans les carnations, mais il est fin et léger.

Peint sur toile. Hauteur 34 pouces, largeur 27 pouces.

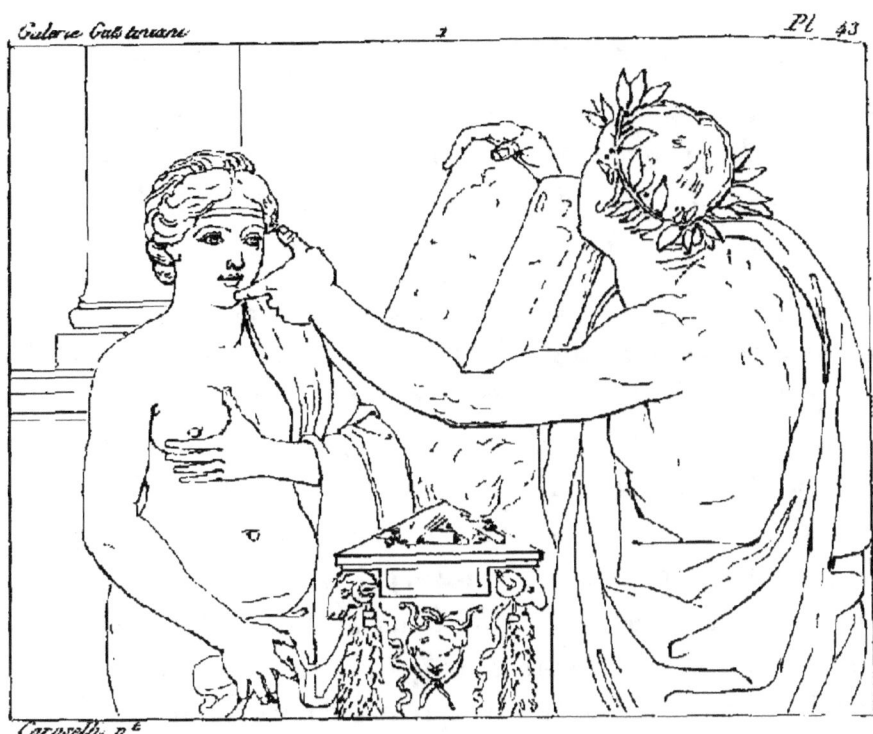

Caroselli p.t

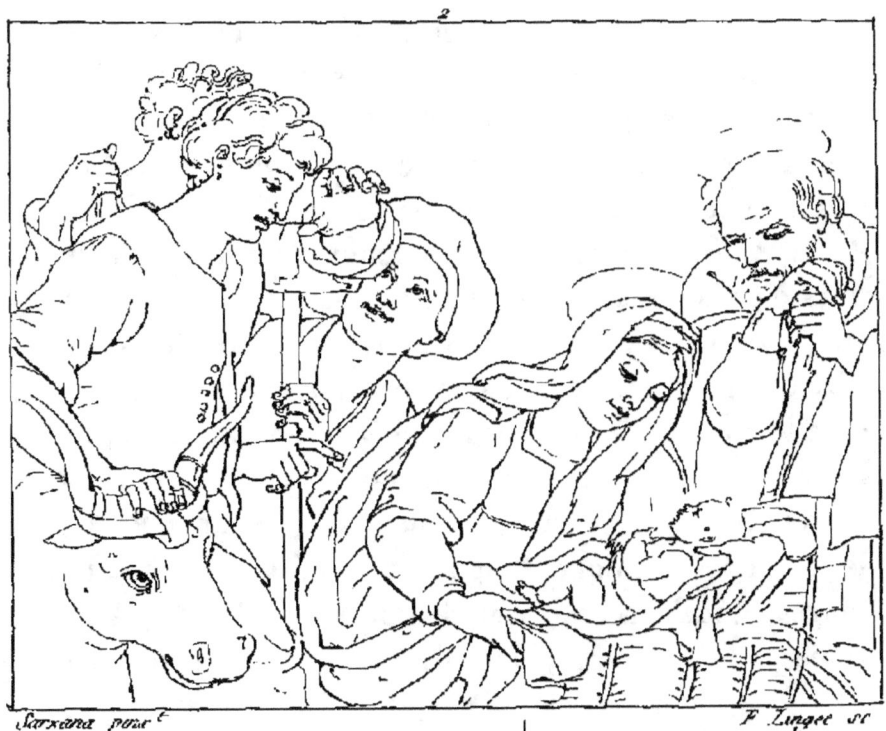

Sarxana pinx.t                                    F. Zingee sc

*Planche quarante-troisième.* — 1. *Deux demi-figures, sujet allégorique ; par* Angelo Caroselli. 2. *L'Adoration des Bergers ; par* Dominique Fiasella, *dit le* Sarzana.

Le premier des deux tableaux tracés sur cette planche offre un sujet allégorique dont nous devons l'explication à M. Visconti. Nous la tirons textuellement d'une note donnée par ce savant. « Une demi-figure d'homme vu par derrière ; un autel est allumé devant lui..... ; un livre ouvert est posé sur le soubassement de l'architecture qui sert de fond au tableau ; on y distingue les dessins de deux statues antiques de la collection Giustiniani. A la gauche de la figure principale il y en a une autre qui est d'une femme, qui paraît servir de modèle. »

« Cette ingénieuse allégorie paraît signifier que l'étude de la nature vivante et celle de l'antique réunies ouvrent le chemin de l'immortalité. »

Angelo Caroselli, né à Rome en 1585, et mort 1653, étudia la manière du Caravage, mais il y joignit la grâce et la délicatesse. Ses tableaux de chevalet sont très-soignés, mais ils sont en petit nombre. Il eut le talent particulier d'imiter avec beaucoup d'adresse le faire d'autres peintres. Il avait peint une sainte Hélène dans le goût du Titien. Ses amis y furent trompés ; et l'erreur aurait duré, s'il n'eût eu la précaution d'écrire en très-petits caractères, dans un coin du tableau, les lettres A. C. dont il signait ordinairement ses ouvrages. Lanzi raconte que le Poussin ayant vu deux copies que Caroselli avait faites d'après Raphaël, les eût prises pour les originaux, s'il n'eût été certain qu'ils existaient dans un autre lieu.

Ce tableau allégorique est peint sur toile, et a 4 pieds 1 pouce de large, sur 2 pieds 11 pouces de haut.

Le second tableau a pour sujet l'Adoration des Bergers, par Dominique Fiasella, *dit* le Sarzana, du nom de la ville où il prit naissance. Ce tableau, composé et peint dans le goût du Caravage, tire son principal mérite de l'effet pittoresque. La lumière dont cette scène est éclairée, et dont le corps de l'Enfant Jésus paraît être le foyer principal, produit des reflets chauds et harmonieux et de belles masses de clair-obscur Une touche franche, des détails vrais, des expressions naïves, font sortir ce tableau du rang des productions ordinaires.

Peint sur toile : 4 pieds 6 pouces de large, sur 3 pieds 8 pouces de haut.

Le Sarzana, né en 1589, et mort en 1669, passa quelque temps à l'école de Jean-Baptiste Paggi, peintre génois, alla ensuite à Rome, où, après avoir étudié les ouvrages de Raphael, il essaya de quelques autres manières qui étaient alors en crédit. Il retourna ensuite à Gênes, et il exécuta un grand nombre d'ouvrages, tant pour cette ville que pour d'autres villes d'Italie. Il y a peu de tableaux qui soient entièrement de sa main ; il les finissait rarement ; et l'on assure, que bien différent des autres maîtres, il en confiait la dernière touche à ses élèves. Cette singularité ne peut être attribuée qu'à son impatience. Le Sarzana a composé dans un bon style ; son dessin tient à l'école romaine, ses têtes sont expressives, et ses tableaux à l'huile annoncent un coloriste.

*Galeria Gustaviana*    *1*    Pl. 44

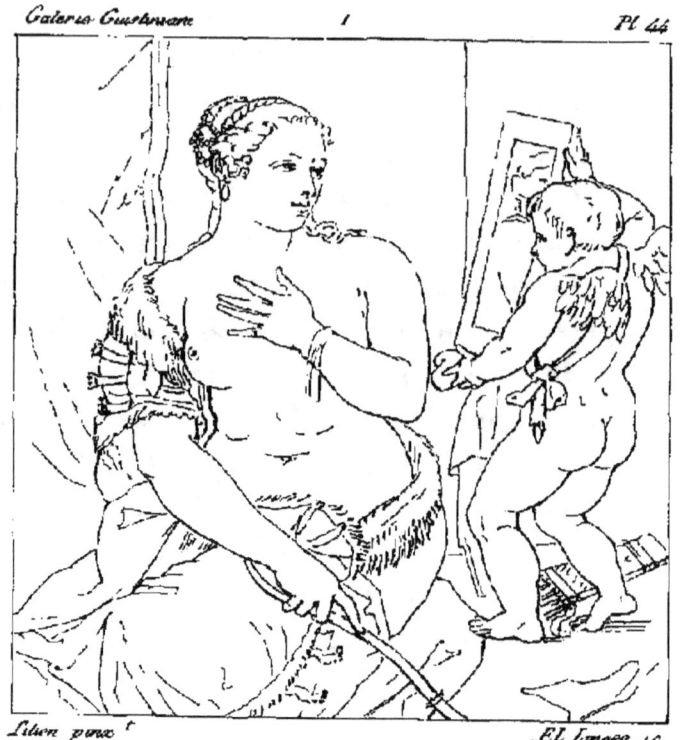

*Libori pinx.t*      *El. Lingée sc.*

*2*

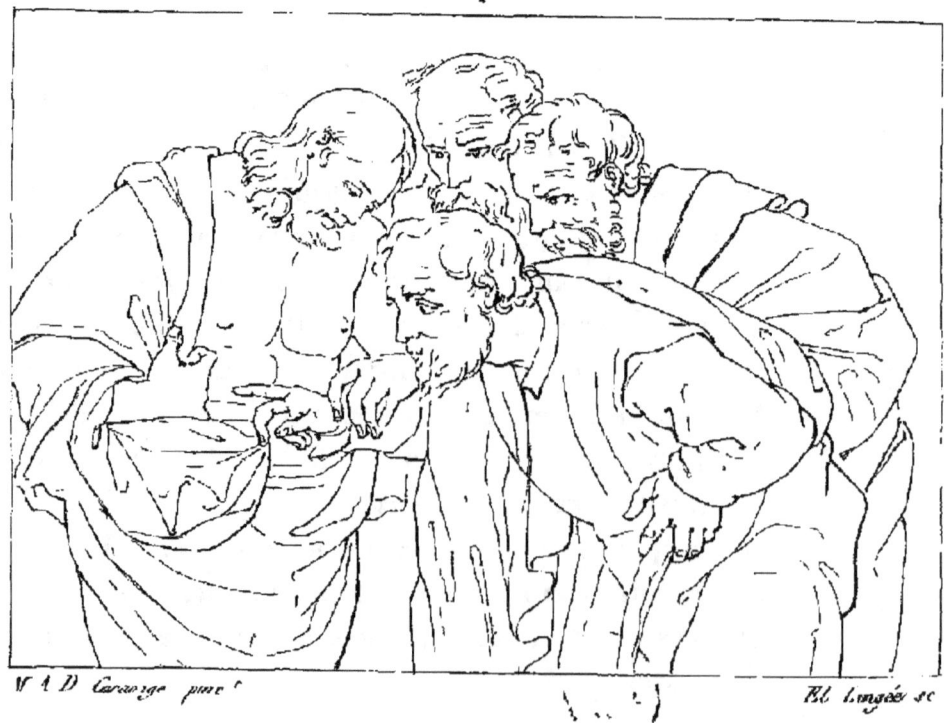

*V. A. D. Caravage pinx.t*      *El. Lingée sc.*

*Planche quarante-quatrième.* — 1. *Venus assise sur un lit; Tableau du* Titien. 2. *L'incredulité de S. Thomas;* par le Caravage.

1. Vénus, assise sur un lit, tient de la main droite un arc; la gauche est posée sur sa poitrine. Elle est représentée nue jusqu'à la ceinture et accompagnée de l'Amour, qui lui présente un miroir.

Le costume moderne de cette figure, ce vêtement trop peu conforme à ceux que les peintres et les statuaires ont donné aux personnages mythologiques, portent à croire que ce tableau offre un portrait. Cette opinion paraît d'autant mieux fondée, que les traits de Vénus, toutefois pleins d'agrément et de vérité, n'ont cependant rien d'idéal. Le Titien a copié un beau modèle.

Sans doute l'artiste avait une prédilection particulière pour cette production de son talent. Il l'a répétée plusieurs fois. La fraîcheur des carnations, la finesse des demi-teintes, le précieux maniement du pinceau qui distinguent celle-ci, ne permettent pas de révoquer en doute son originalité.

Ce tableau, peint sur toile, a 44 pouces de haut, sur 39 de large.

2. L'Incrédulité de S. Thomas, par le Caravage. Vérité de caractères, savante opposition des ombres et des lumières, vigueur de coloris, touche fière et moelleuse, telles sont les qualités qui placent incontestablement ce tableau parmi les chefs-d'œuvre du maître.

Il serait à desirer que les jeunes gens qui s'engagent dans la carrière de la peinture prissent la peine de copier quelques ouvrages exécutés dans cette manière ferme, large et moëlleuse. Cette étude leur serait d'autant plus profitable, que depuis long-temps une manière toute opposée semble prévaloir dans l'esprit d'un grand nombre d'élèves.

Peint sur toile : largeur 4 pieds 5 pouces, hauteur 3 pieds 3 pouces.

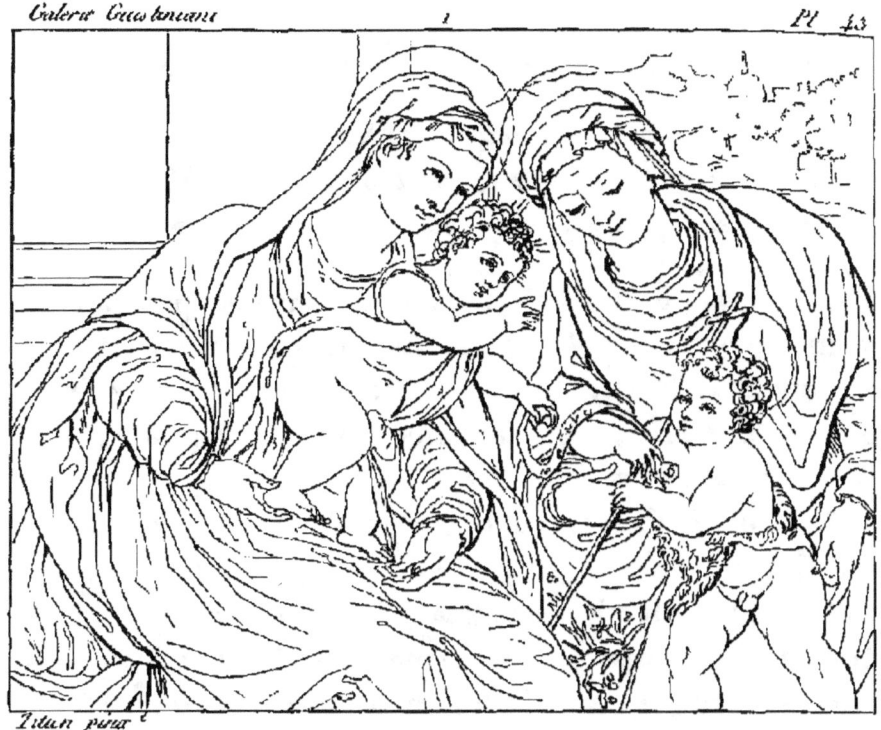

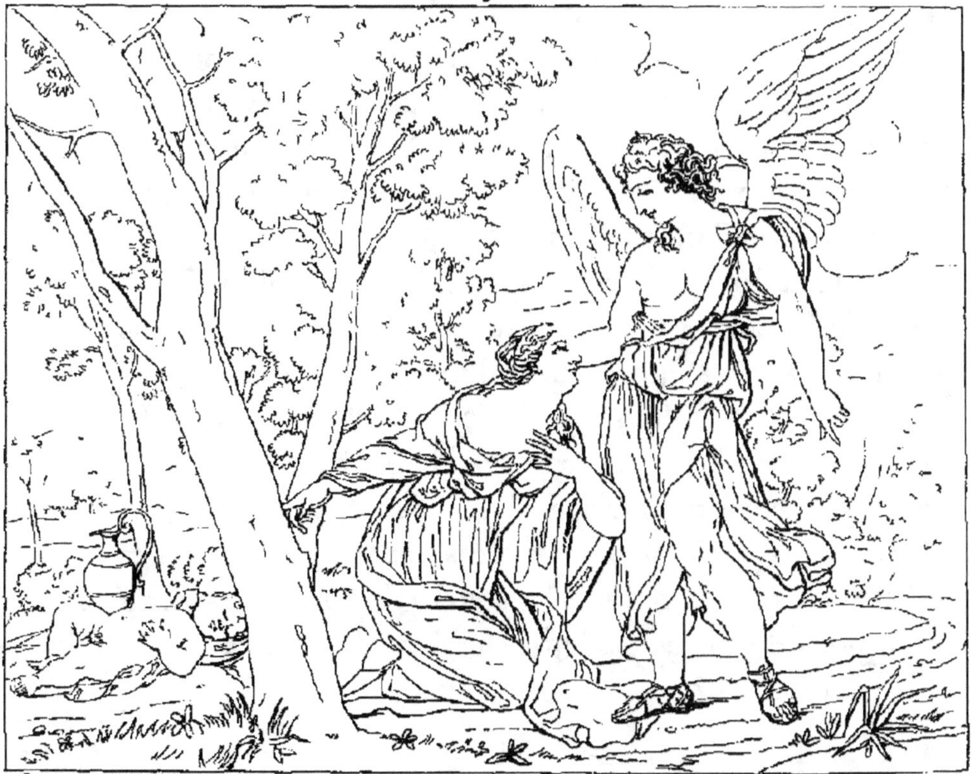

*Planche quarante-cinquième.* — 1. *La Vierge et l'Enfant Jésus, sainte Anne et le petit S. Jean; Tableau du Titien.* 2. *Agar dans le désert; Par* N. Poussin.

La première de ces deux compositions présente quatre figures : la Vierge assise, tenant son fils sur ses genoux; l'Enfant Jésus se penche du côté du petit S Jean, conduit par sainte Anne, et joue avec la banderole de sa croix.

On trouve, dans un catalogue moderne de la galerie Giustiniani, la note suivante par M. Visconti. « Ridolfi, qui a décrit ce tableau du Titien comme se trouvant de son temps chez le marquis Vincent Giustiniani, à Rome, (*Vite degli illustri Pittori veneti*, tom. I<sup>er</sup>, p. 178 ) ne permet pas de le méconnaître; outre cela, le faire de ce grand maître y est évident. »

Le sujet du second tableau est Agar dans le désert. Elle est prosternée aux pieds de l'ange, qui la console et lui indique une source. Près de là est le jeune Ismaël endormi au pied d'un arbre. Le groupe se détache sur un fond de ciel et d'arbres.

Le Poussin a fait ce tableau à l'époque où il cherchait le Titien, et c'est un des meilleurs de ce temps du peintre. Les figures sont d'un dessin coulant; les caractères ont de la grâce et de la douceur; l'éclat du ciel et la fraîcheur du paysage achèvent de donner à cette composition un aspect séduisant.

Ces deux tableaux sont peints sur toile; le premier a 28 pouces de large sur 25 pouces de haut; le second a 5 pieds 9 pouces de haut sur 6 pieds de large.

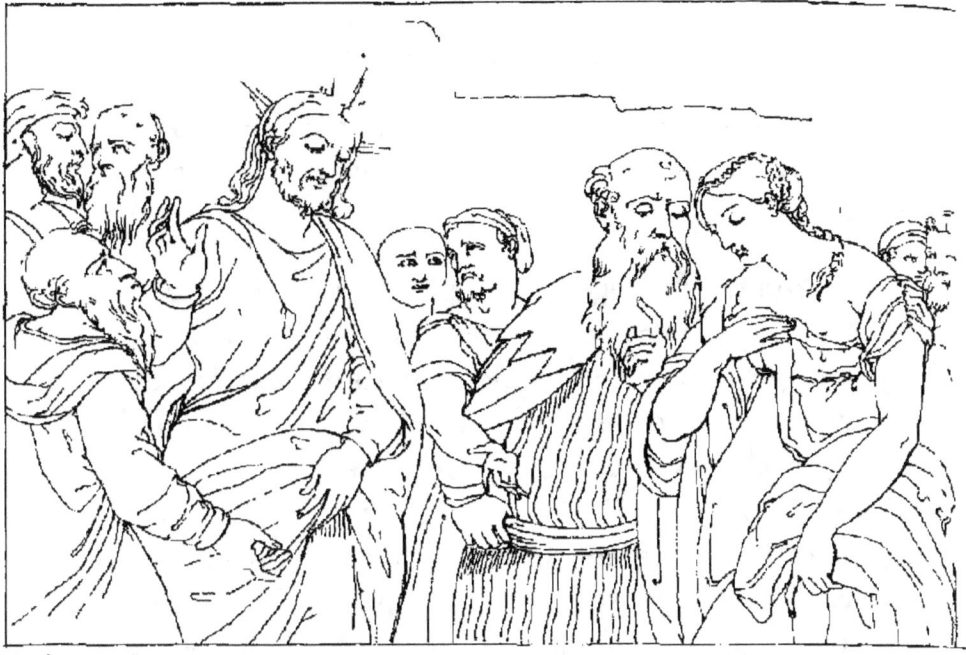

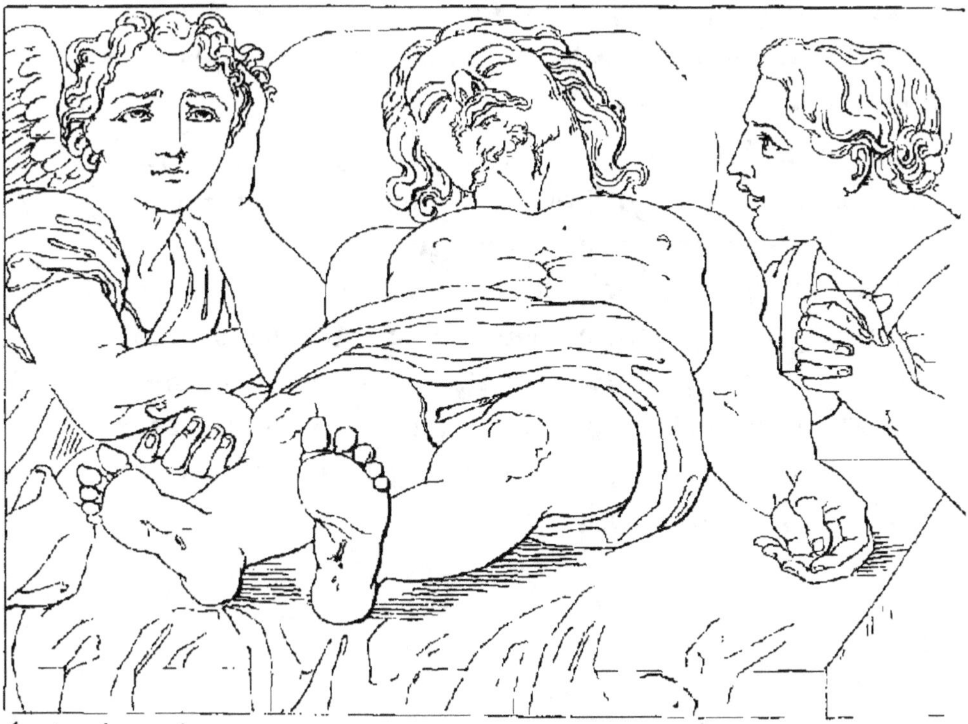

*Planche quarante-sixième.* — 1. *La Femme adultère ; par* Carletto. 2. *Le Christ mort; Tableau de* Louis Carache.

1. Ce tableau du jugement de la Femme adultère, composition capitale, dont les figures sont représentées jusqu'aux genoux, offre un mélange de la manière du Bassano et de celle de Paul Véronèse, père de Carletto, qui fut élève de ces deux maîtres.

Carlo Caliari, *dit* Carletto, avait reçu de la nature les plus rares dispositions ; son père l'avait placé fort jeune à l'école du Bassan, afin qu'il pût se former une manière originale qui tînt à-la-fois du style de ce maître et de celui dont il avait l'exemple dans la maison paternelle. Carletto avait au plus 18 ans lorsqu'il perdit son père, et lui-même mourut à l'âge de 26 ans, en 1596. C'est pour cette raison que ses tableaux sont très-rares.

2. Le Christ mort, au milieu de deux Anges. Cette composition est singulière, mais l'exécution en est savante. Le peintre a vaincu une grande difficulté. Le dessin de la figure principale est fier et correct ; celles des deux Anges expriment bien la douleur et la vénération.

Ces deux tableaux sont peints sur toile ; le premier a cinquante-quatre pouces de large sur trente-sept de haut ; le second a quarante-deux pouces de haut sur trente-trois pouces de large.

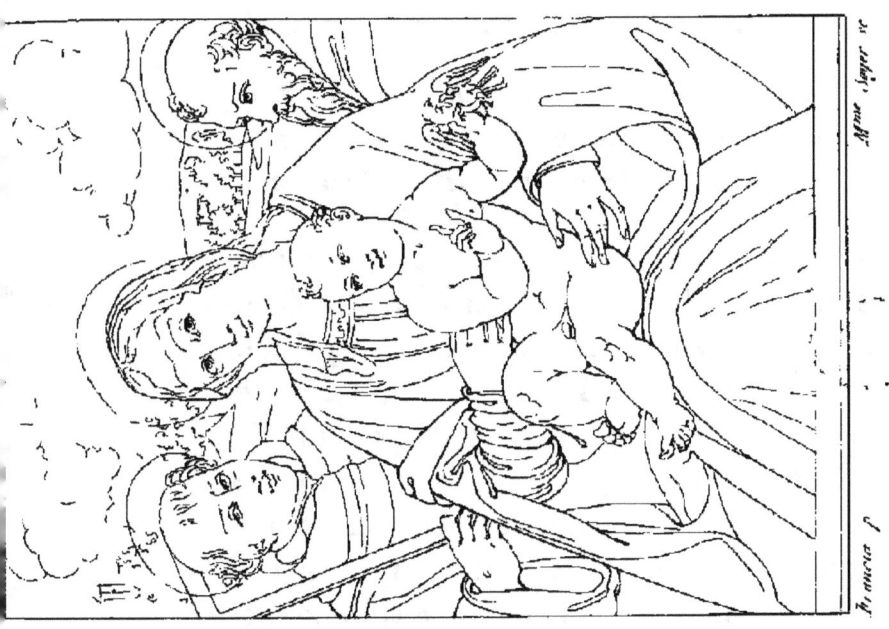
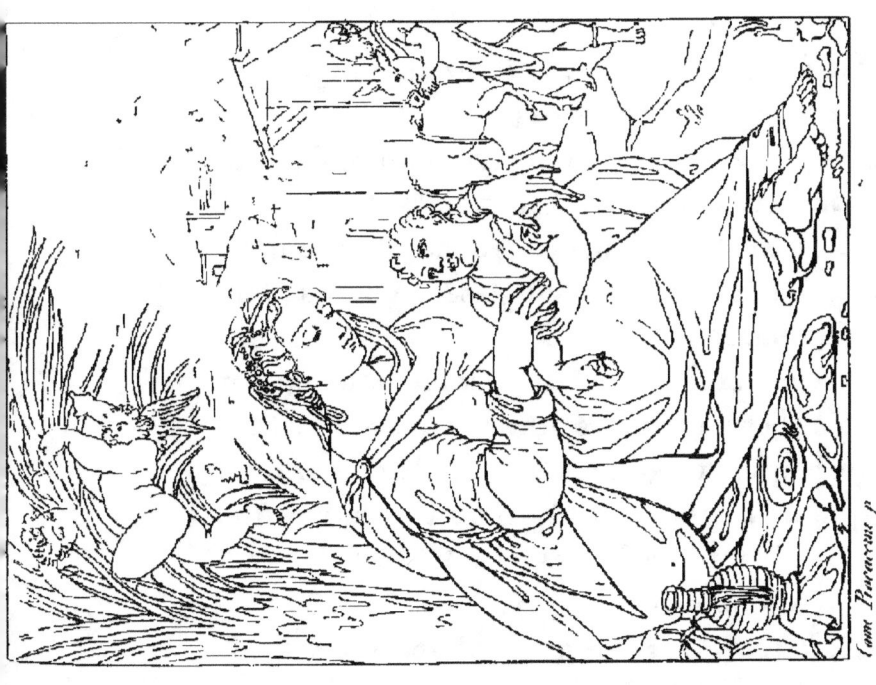

*Planche quarante-septième.* — *Le Repos de la sainte Famille ; par* Camille Procaccini. 2. *La Vierge et l'Enfant Jésus ; par* Fr. Raibolini, *dit* le Francia.

1. La Vierge, assise dans un paysage, contemple avec admiration l'Enfant Jésus. Au-dessus de sa tête, deux Anges baissent les branches d'un palmier pour en cueillir les fruits. Le fond représente les murs d'une ville ; divers édifices s'élèvent sur les montagnes du fond. L'exécution de ce tableau rappelle le goût et la manière du Corrège ; on peut le regarder comme l'imitation d'un ouvrage de ce maître, représentant le même sujet, et connu sous le nom de la *Zingarella*, ainsi que l'attestent plusieurs gravures qui portent le nom du peintre.

Ce tableau est peint sur bois. Hauteur vingt-neuf pouces, largeur vingt-trois pouces.

2. La Vierge et son fils, accompagnés de S. Jérôme et de S. Antoine de Padoue. L'Enfant Jésus donne sa bénédiction, et tient de la main gauche un chardonneret. Peint sur bois : hauteur vingt-sept pouces, largeur vingt-un pouces.

Le style de ce tableau, très-recommandable par sa rareté, et par la manière précieuse dont il est rendu, atteste une époque très-éloignée, où l'art semblait n'attendre que de Raphaël ce dégré de perfection que ses successeurs n'ont point dépassé. Ce tableau de Francia est peint avec une ingénuité précieuse. L'Enfant est bien dessiné ; la tête de la Vierge est d'une douceur et d'une naïveté admirables ; Raphaël lui-même faisait un cas particulier des ouvrages de Francia, et n'a pas dédaigné de s'en pénétrer pour des compositions du genre de celle-ci.

Le Musée Napoléon ne possède qu'un tableau de Francia ; nous en avons donné le trait dans le tome II de la première collection des *Annales*, pl. 29, page 65, avec une notice sur la vie et les ouvrages du peintre.

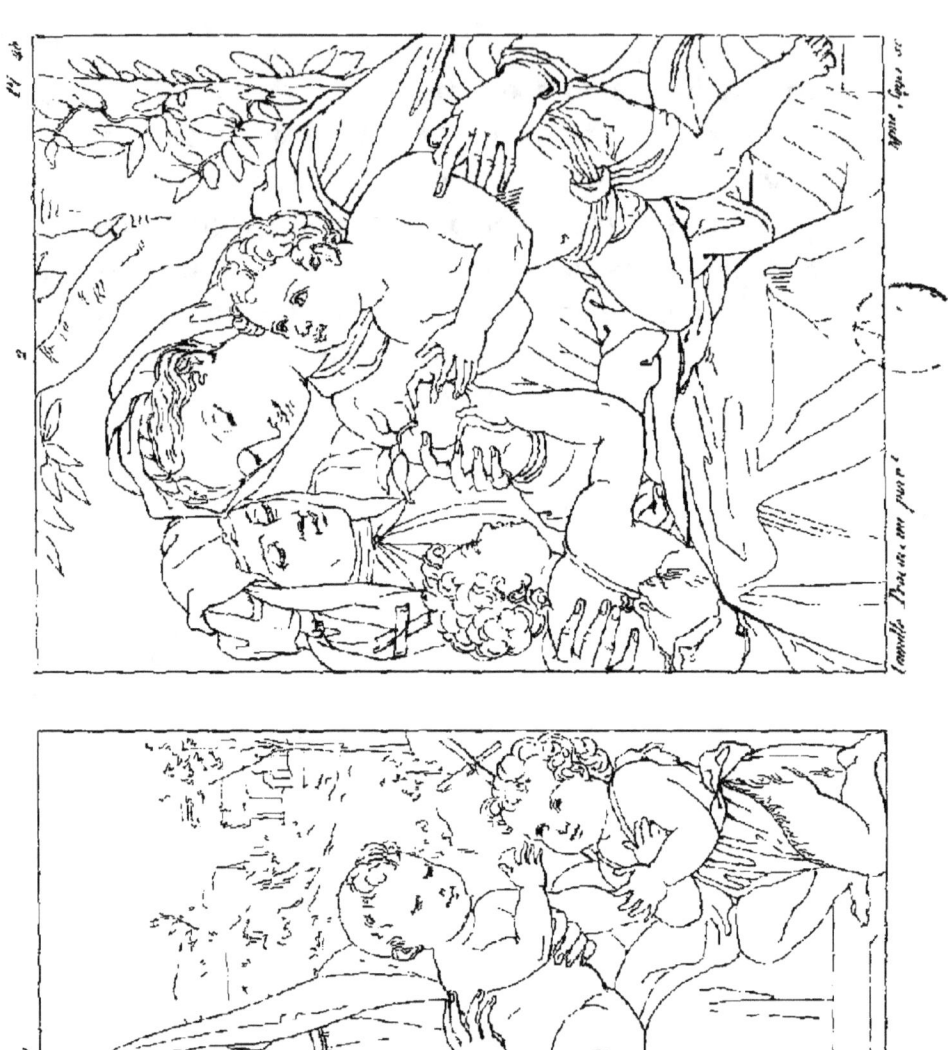

*Planche quarante-huitième.* — 1. *L'Enfant Jésus donnant sa benediction ; Tableau de* Francia. 2. *La sainte Famille ; par* Camille Procaccini.

Les deux tableaux réunis sur cette même planche sont des mêmes maîtres que ceux de la planche précédente.

Le premier représente la Vierge assise, vue jusqu'aux genoux et de face ; une ample draperie lui couvre la tête, les épaules, et descend jusque sur ses genoux ; elle soutient l'Enfant Jésus qui donne la bénédiction au petit S. Jean, prosterné devant lui.

Ce tableau, comme celui dont nous venons de donner la description, est exécuté avec une grande simplicité, et avec ce sentiment religieux qui caractérise les meilleures productions du temps où florissait le peintre ; cependant on ne peut se dissimuler que ce morceau est inférieur au premier.

Malvasia fait mention du soin que le cardinal Giustiniani mettait à acquérir des vierges de Francia ; cette galerie en offre trois. Les tableaux de ce maître sont extrêmement rares dans les collections.

Celui-ci, peint sur bois, a vingt-six pouces de haut et vingt pouces de large.

Le second tableau, de la main de Camille Procaccini, représente, en un seul groupe, la Vierge, l'Enfant Jésus, S. Jean et sainte Elisabeth. Ce morceau et brillant de touche et de coloris. On y remarque le petit S. Jean qui présente une pomme à l'Enfant Jésus.

Peint sur bois. Hauteur trente-deux pouces, largeur vingt-quatre pouces.

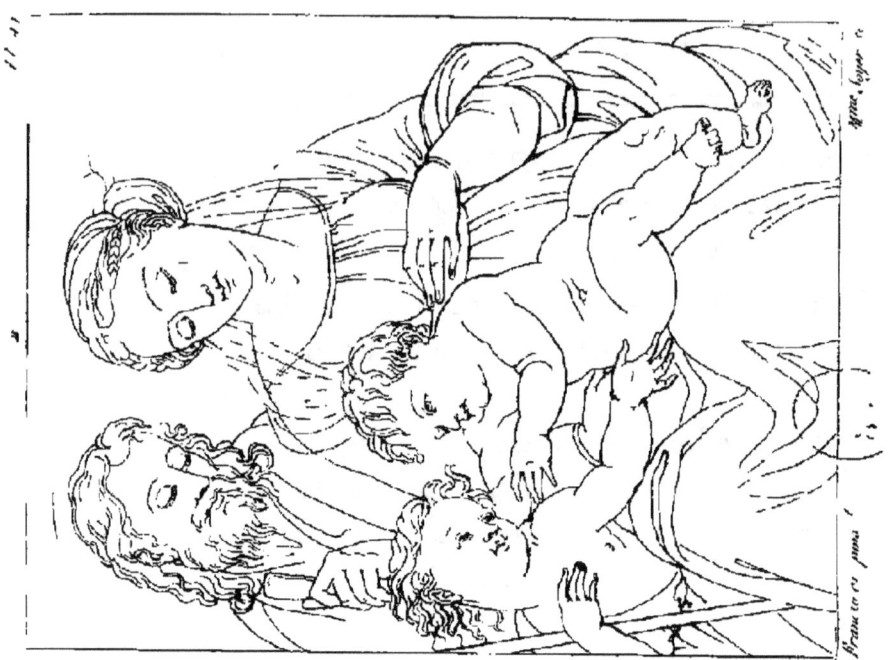
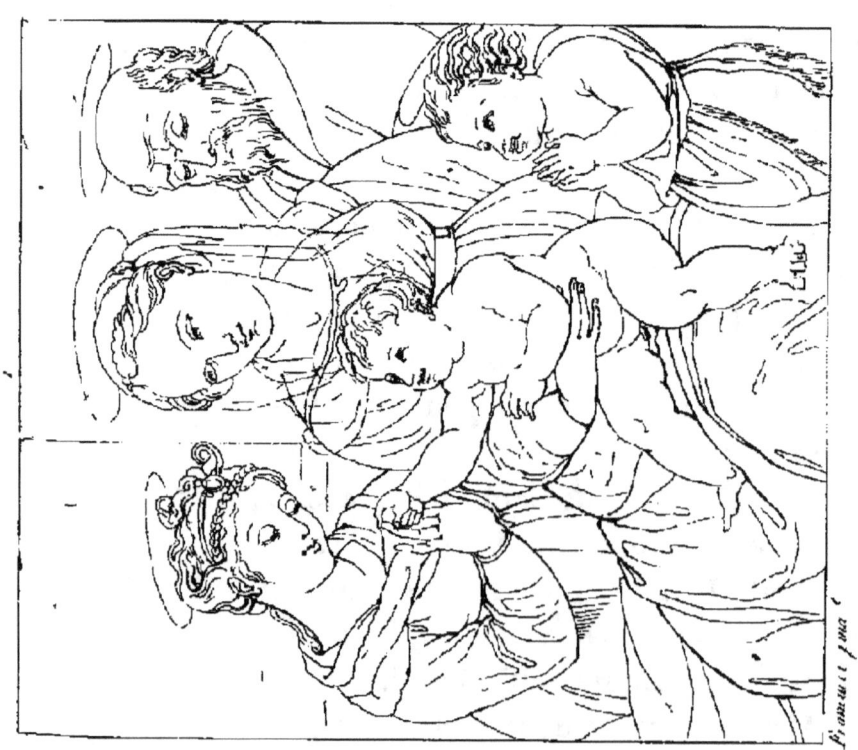

*Planche quarante-neuvième.* — 1. *Le Mariage de sainte Catherine*; par Innocent Francucci. 2. *La sainte Famille*; par le même.

1. L'artiste a saisi le moment où Jésus, assis sur les genoux de sa mère, présente l'anneau nuptial à sainte Catherine. La figure de la Vierge et celle de S. Joseph se détachent sur un fond de draperie verdâtre, dont l'opposition fait ressortir la vivacité des carnations. La tête de sainte Catherine se détache sur un fond de ciel et de paysage.

Le dessin et les caractères de ce tableau offrent la simplicité de l'ancienne école; le dessin est de bon goût; le coloris est un peu cru, et l'effet général manque d'harmonie.

2. On remarque les mêmes défauts dans le second tableau, représentant la sainte Famille, par le même peintre; mais le dessin de l'Enfant Jésus et sur-tout du petit S. Jean est raphaëlesque.

Innocent Francucci, plus connu sous le nom d'Innocent d'Imola, quoiqu'il ait presque toujours vécu à Bologne, entra dès l'an 1506 à l'école de Francia. Il est probable que ces deux peintres demeurèrent quelque temps à Florence dans la compagnie d'Albertinelli. C'est l'opinion de Vasari, et ce qui la confirme, c'est que le style des tableaux de Francucci tient à celui des meilleurs peintres florentins de cette époque. Il étudia particulièrement les ouvrages de Léonard de Vinci, et chercha également à se rapprocher du goût de Raphaël dans ses tableaux de vierges: il peignit aussi plusieurs grands tableaux d'autel ; mais on n'en peut citer aucun dont la composition présente des idées originales et quelque action énergique et animée. Il se borna à représenter des sujets conformes à son caractère doux et paisible, tels que des vierges et autres scènes mystiques.

Francucci d'Imola mourut en 1542, âgé de 56 ans.

Les deux tableaux, dont cette planche offre le trait, sont peints sur bois; le premier a 27 pouces de haut, sur 23 de large, le second 29 sur 23.

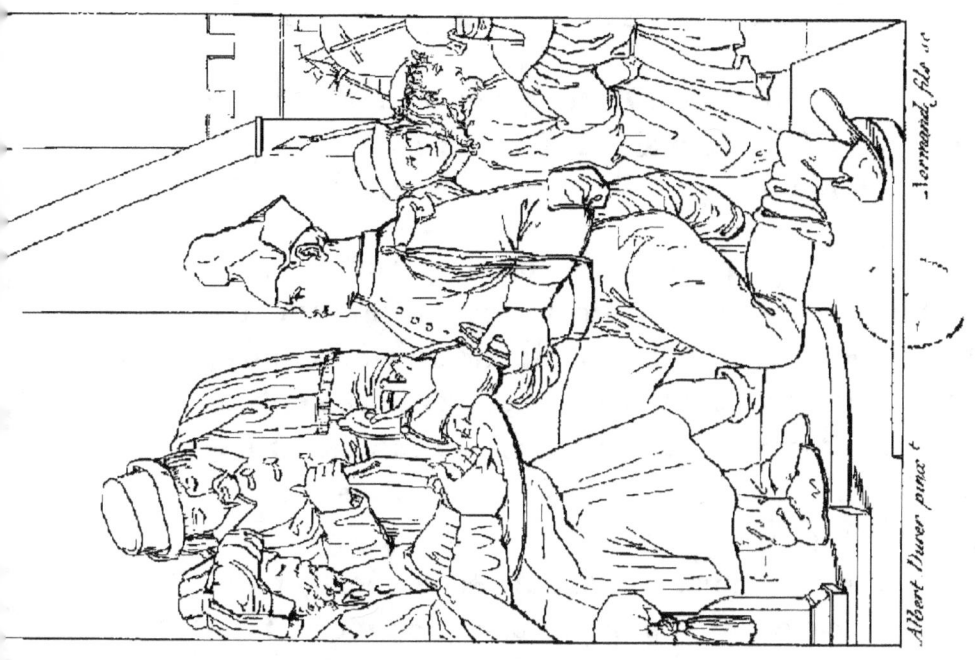

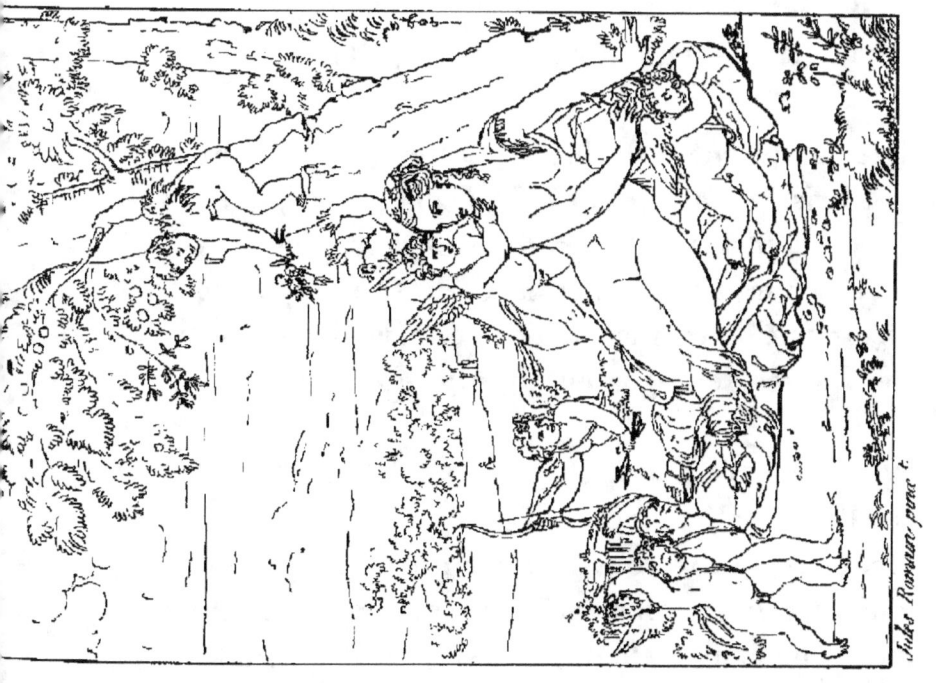

*Planche cinquantième.*—1 *Vénus sur un lit de draperies ;* Tableau de Jules Romain. 2 *J. C. devant Pilate ; par* Albert Durer.

1. Vénus, couchée sur un lit de draperies, au pied d'un arbre, est entourée d'amours qui s'empressent à lui rendre hommage ; l'un d'eux la caresse ; deux autres viennent déposer à ses pieds une corbeille remplie de divers ajustemens ; les autres s'occupent à cueillir des fruits. On voit encore, auprès de Vénus, son fils endormi. La déesse lui dérobe ses flèches, et les donne à un autre amour qui déjà s'enfuit en emportant son arc. Cette scène anacréontique offre un coloris brillant, et se détache sur un paysage dont les teintes ont beaucoup d'éclat.

Peint sur bois : hauteur 24 pouces, largeur 17 pouces.

2. Pilate, gouverneur de Judée, fait amener devant lui Jésus-Christ. Il sait qu'il est innocent, mais, dans la crainte de déplaire à l'empereur et de soulever le peuple, il le livre à ses ennemis et le fait flageller. Le peintre a saisi le moment où ce gouverneur se lave les mains, après le jugement inique qu'il vient de rendre.

Le style d'Albert Durer, style singulier, qui fut celui de l'école allemande à l'époque où vécut cet homme célèbre, se retrouve tout entier dans ce tableau, qui, malgré la bizarrerie des costumes, mérite d'être cité pour la naïveté et la précision des détails.

Le pinceau d'Albert Durer est sec, mais sa couleur es vive et franche.

Cet ouvrage, peint sur bois, a été gravé par le peintre lui-même, avec la date de 1512.

Hauteur 29 pouces, largeur 20 pouces.

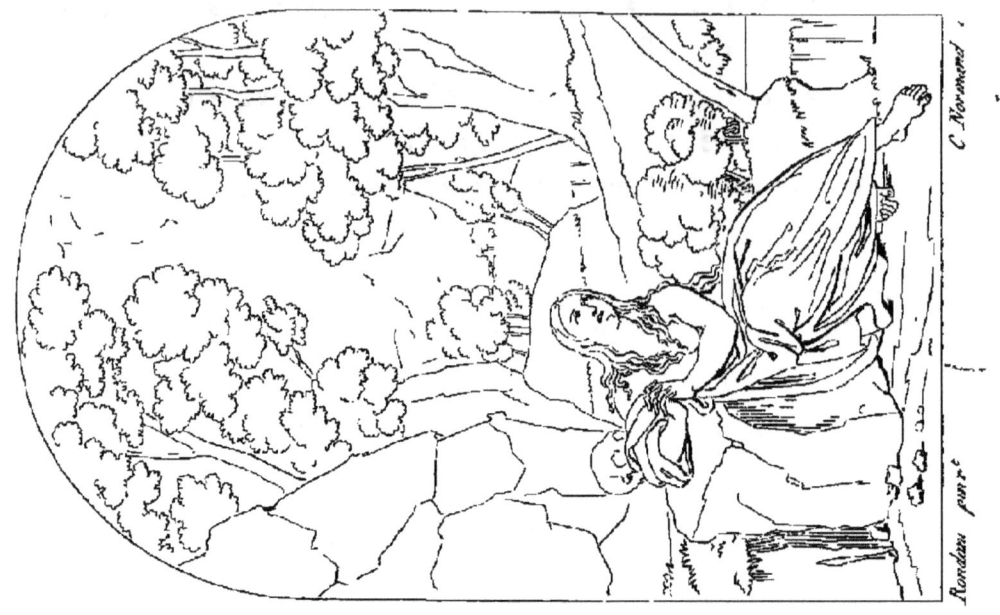

Rondeau pour 2.ᵉ  C. Normand.

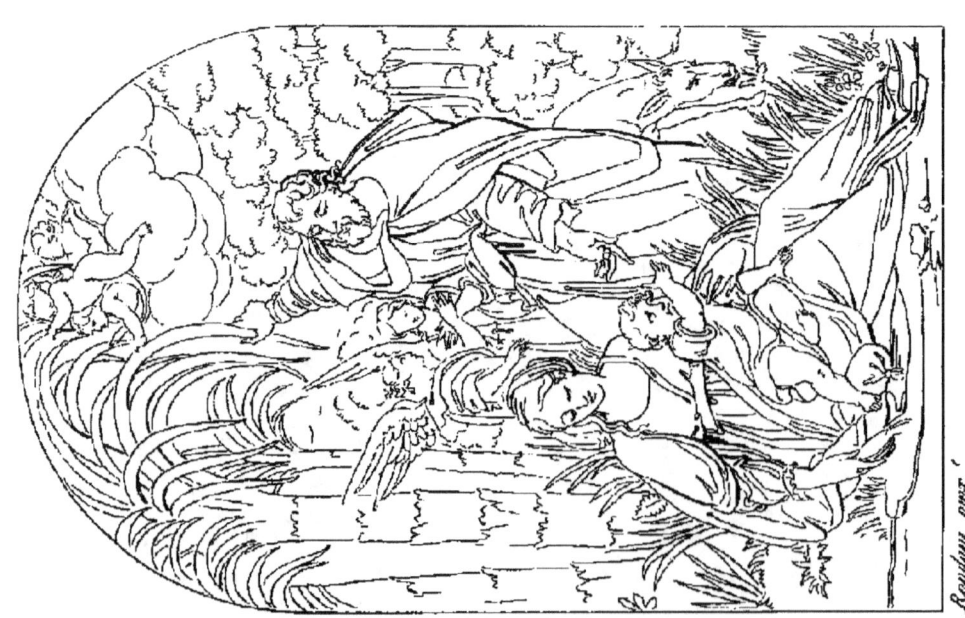

Rondeau pour 1.ᵉʳ

*Planche cinquante-unième.* — *Le Repos de la sainte Famille.* 2. *La Madeleine dans le désert ; par* Rondani.

Le premier de ces deux tableaux, qui sont de la même main et exécutés dans des dimensions semblables, représente le repos de la sainte Famille en Egypte. La Vierge, assise auprès d'une source, puise de l'eau dans un vase, et tient l'Enfant Jésus sur ses genoux, tandis que S. Joseph lui donne des fruits qu'il vient de cueillir à un palmier dont plusieurs Anges baissent les branches. Au troisième plan, deux autres Anges, sous les traits d'adolescens, se tiennent éloignés comme par respect.

Le second tableau représente un lieu solitaire, entouré d'arbres, hérissé de rochers, et fermé par de hautes montagnes d'où sortent diverses sources qui tombent en cascades. Sur le devant on voit sainte Madeleine, assise et appuyée sur une pierre ; de longs cheveux flottent sur ses épaules et viennent retomber sur sa poitrine. Les mains jointes, les yeux élevés vers le ciel, elle est dans l'attitude du plus profond repentir.

Ces deux tableaux, qu'on pourrait considérer comme deux esquisses, moins sous le rapport de leurs dimensions, qu'à en juger par la prestesse de l'exécution, rappellent au premier aspect l'école du Corrège ou du Parmesan. Ils sont l'un et l'autre d'un très-bel effet. Le paysage est touché avec fermeté, et présente des masses larges et harmonieuses. Les trois petits Anges qui, dans le tableau du Repos de la sainte Famille, sont portés sur des nuages et se jouent dans les branches du palmier, sont du pinceau le plus suave et le plus gracieux. On ne retrouve pas la même finesse de dessin et d'expression dans les autres figures.

Peints sur bois. Hauteur 22 pouces, largeur 15 pouces.

Les peintres qui forment l'école du Corrège jouissent aujourd'hui en Italie d'un nom plus ou moins célèbre ; mais il ne faut pas croire qu'ils aient tous reçu des leçons de ce grand maître, ni qu'ils l'aient tous suivi de la même manière. Les uns, dit Lanzi, ressemblent à ces nageurs timides qui se tiennent le plus près possible de leur maître ; les autres, au contraire, affectent de s'en éloigner, comme pour faire croire qu'ils sont déja fort habiles dans leur exercice. Rondani est du nombre des premiers ; il travailla avec le Corrège à S.-Jean de Parme, et c'est à Rondani qu'on attribue principalement les peintures du cloître, quoiqu'on y remarque quelques figures d'enfans qui paraissent être de la main du Corrège. Le tableau de la Vierge avec S. Augustin et S. Jérôme, que Rondani peignit à l'église des Augustins de Parme, était regardé comme un des plus beaux tableaux de cette ville (1). Rondani ne s'est point élevé à la hauteur du style de son maître ; on lui reproche d'avoir donné trop de soin à l'étude des détails. Ses tableaux de chevalet sont très-rares ; Lanzi dit en avoir vu deux, l'un chez le marquis Scarani à Bologne, l'autre chez M. Bettinelli à Mantoue. Le premier représente la Vierge et l'Enfant Jésus, tenant un roseau (*una Rondine*) pour faire allusion au nom du peintre *Rondani*, le second est un portrait d'homme peint et ajusté dans le goût du Giorgion.

---

(1) On le voit maintenant au Musée Napoléon. (Voyez *Annales du Musée*, tome 2, planche 31, page 67.)

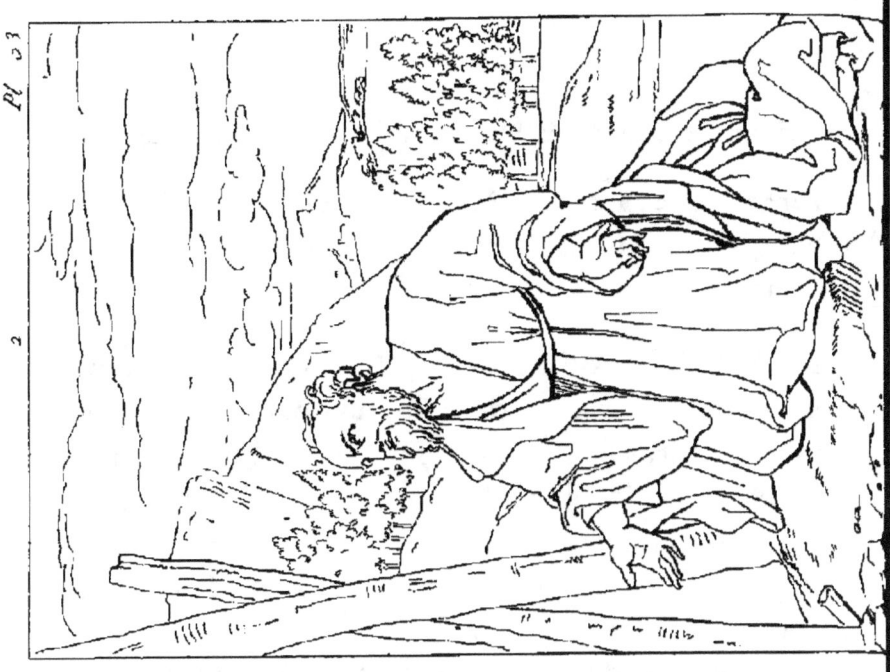

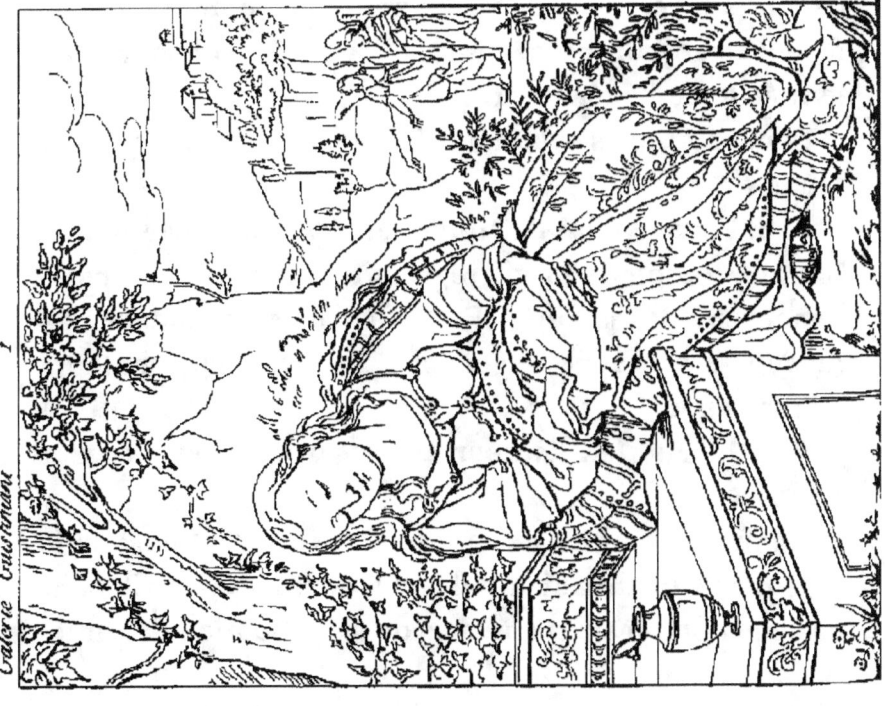

*Planche cinquante-troisième.* — 1. *La Madeleine ;* par Paul Véronèse. 2. *S. Pierre dans le desert ;* par Lanfranc.

1. La Madeleine est représentée auprès du sépulcre, dans l'étonnement et dans la douleur de n'y point trouver le corps de Jésus-Christ ; le fond de ce tableau représente sur les devants un site rocailleux ; dans le fond une montagne sur le sommet de laquelle s'élèvent quelques édifices. On aperçoit au loin les deux Anges qui apparurent à la Madeleine.

Ce tableau, dont la composition s'enrichit par les accessoires, ne présente d'ailleurs qu'un style et un dessin peu relevés, et une expression commune. Ces défauts sont compensés par la vérité du coloris et par le mérite de l'exécution.

Peint sur toile : hauteur 5 pieds, largeur 4 pieds 1 pouce.

2. S. Pierre, dans l'attitude du repentir et de l'humiliation, témoigne le vif regret que lui cause sans cesse le souvenir de sa faute. Cette figure, de grandeur naturelle, est drapée largement. Le fond représente un site sauvage.

Peint sur toile : hauteur 4 pieds 10 pouces, largeur 4 pieds.

Lanfranc, auteur de ce tableau, fut employé par le marquis Giustiniani à différens ouvrages, et fit pour ce seigneur plusieurs dessins de sa collection des antiques.

Il était venu fort jeune à Rome ; il y acquit une

manière large, un style facile. C'est dans les grands ouvrages et sur-tout dans les coupoles que son talent brille de tout son éclat. Il plaît encore dans quelques-uns de ses tableaux de chevalet qu'il a voulu traiter avec un soin particulier.

On ne peut nier, qu'après le Corrège, nul autre n'a mieux réussi dans ce que les peintres nomment *grandes machines*. Il montra dans les ouvrages de ce genre l'originalité qui caractérise un chef d'école.

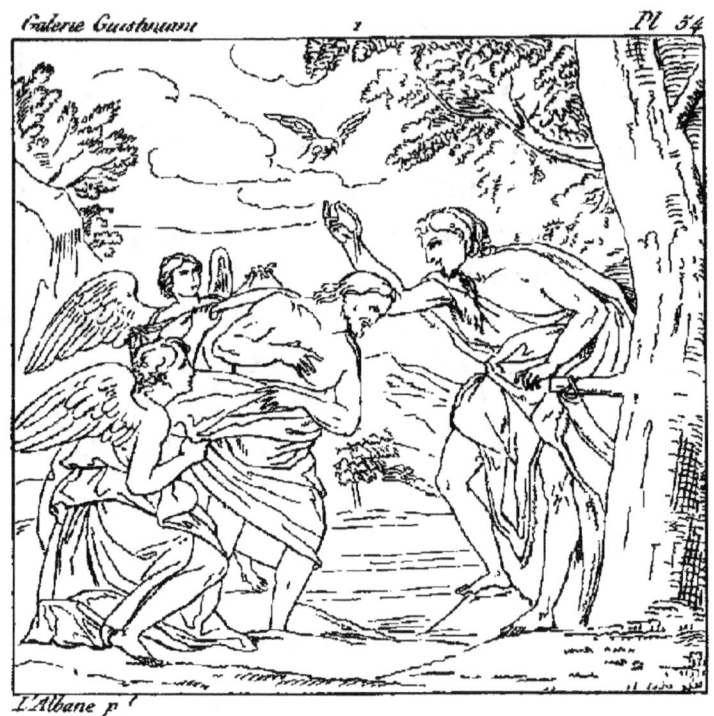

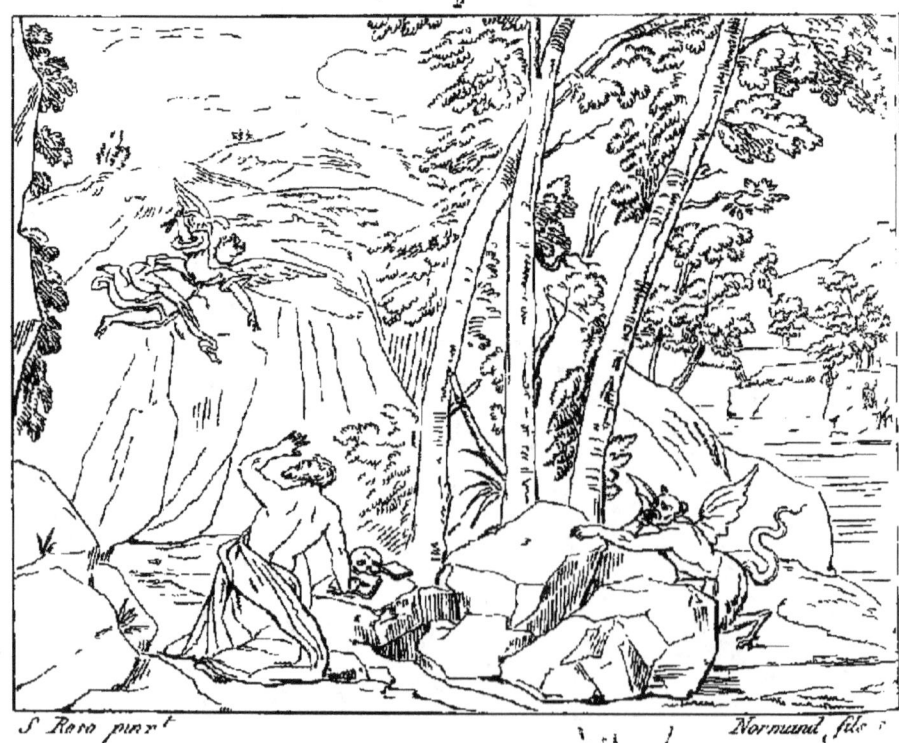

*Planche cinquante - quatrième.* — 1. *Le Baptême de N. S. ; Tableau de l'*Albane. 2. *S. Jerôme dans le désert ; par* Salvator Rosa.

Le premier de ces deux tableaux représente N. S. sur les bords du Jourdain, au moment où il reçoit le baptême de S. Jean. Jésus est accompagné de deux Anges qui s'empressent à le servir ; le S.-Esprit plane au-dessus de sa tête. Le manteau de J. C est bleuâtre ; les Anges sont vêtus d'une étoffe jaune ; S. Jean est couvert d'une draperie rouge. Le ton du paysage est chaud et léger.

Cette composition simple et gracieuse porte l'empreinte du pinceau de l'Albane. L'expression en est douce, le coloris frais et brillant.

Peint sur toile : hauteur 50 pouces, largeur 31 pouces.

Le second tableau a pour sujet S. Jérôme dans le désert. Ce père de l'église raconte dans une de ses lettres à sainte Eustochie, épître 22, qu'il eut une vision dans laquelle il crut être châtié par un Ange, pour le trop d'étude qu'il mettait à lire les œuvres de Cicéron. Le peintre a représenté le Saint à l'instant où il aperçoit dans le ciel un Ange armé d'une courroie, et fondant sur lui pour le flageller. Près de là, caché derrière un rocher, on voit le Démon plein de rage et d'épouvante à la vue de l'envoyé de Dieu.

Nous croyons n'avoir rien à ajouter à cette description succincte d'un tableau qui offre la plus forte manière de Salvator Rosa.

Peint sur toile: largeur 5 pieds 4 pouces, hauteur pieds 10 pieds.

Salvator Rosa avait été présenté par le cardinal Jean Charles à la cour de Côme II, à Florence, où il passa sept années. Il y fut recherché pour les grâces de son esprit, soit comme peintre, soit comme poète, soit comme auteur comique, et fut lié avec les gens de lettres, dont il y avait alors un grand nombre dans tous les genres.

Salvator ne forma pas d'élèves; mais il eût pour imitateurs Taddeo Baldini, Lorenzo Martelli, Bartolomeo Torregiani, Giovanni Chisolfi et autres.

Le talent de Salvator ne se borna pas aux petits tableaux et au paysage; il a peint des tableaux d'autel bien composés et d'un grand effet, et quelques sujets profanes dont les figures sont très-belles, tels que la Conjuration de Catilina; ce morceau cité par Bettari comme l'une des meilleures productions du peintre, appartenait à la famille Martelli, à Florence.

Galerie Giustiniani. *Pl. 55*

*1*

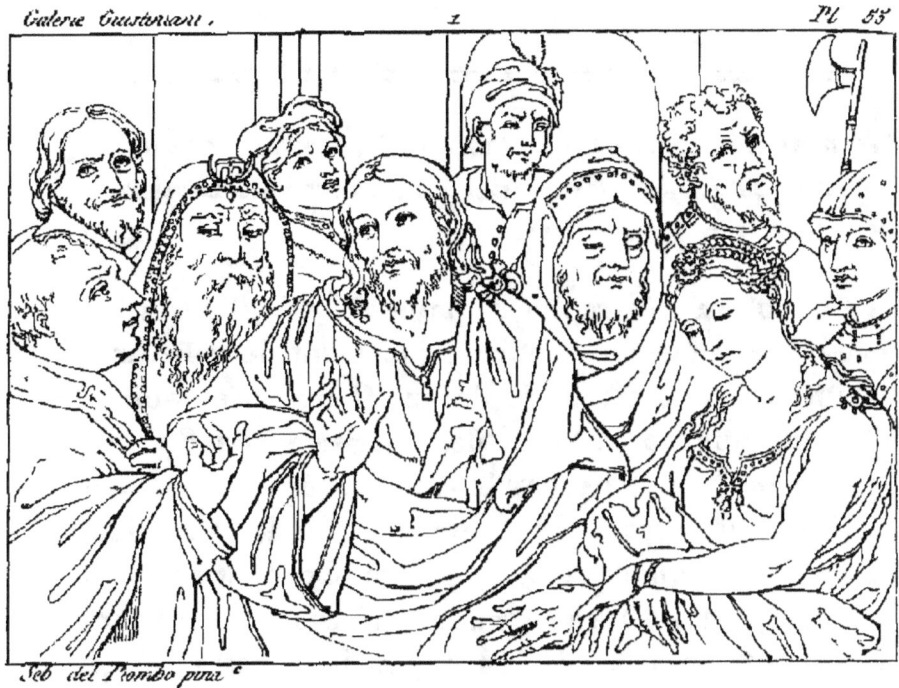

Seb. del Piombo pinx.*

*2*

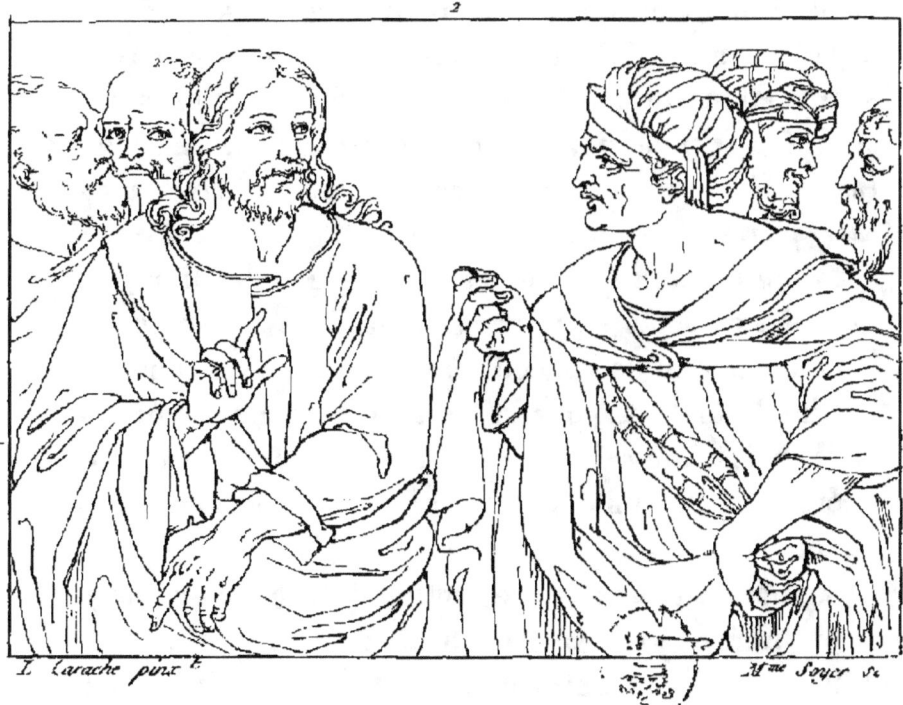

L. Carache pinx.*   M.me Soyer sc.

*Planche cinquante-cinquième.* — 1. *La Femme adultère;* Tableau de Sébastien del Piombo. 2. *Le Denier de César;* par Louis Carache.

Ce tableau très-capital, composé de dix figures représentées à mi-corps, offre le jugement de la Femme adultère. Elle est amenée devant Jésus, qu'entourent des docteurs de la loi et des pharisiens. Sa tête est ajustée de beaux cheveux blonds relevés en tresses, et retenus sur le front par un nœud de perles surmonté d'un saphir; quelques boucles retombent sur le col et sur les épaules. Elle a les mains croisées; ses bras sont nus; sa tunique brodée en or, et la richesse de son manteau, annoncent que cette femme n'est pas un personnage du commun. Les yeux baissés, elle attend son jugement avec résignation. Jésus, dont les traits respirent la douceur et la bonté, est représenté au moment où il dit aux pharisiens ces paroles pleines de sagesse : *Que celui d'entre vous qui est sans péches lui jette la première pierre.*

La simplicité et la noblesse de la composition, la force des caractères, la vérité et la finesse du coloris, le fini précieux de l'exécution, se réunissent dans cet admirable tableau pour lui assurer un rang parmi les rares chefs-d'œuvre de la peinture, et pour le faire considérer comme l'un des plus capitaux de la galerie Giustiniani.

Ce morceau joint à la perfection de l'art un avantage particulier : on y retrouve les traits de quelques-uns des artistes les plus recommandables de l'école vénitienne.

L'auteur s'est peint lui-même dans une des principales figures du tableau ; c'est le juge israeliste qui a la tête voilée et une inscription hébraïque sur le front. Il y a introduit aussi le portrait du Giorgion, qui avait été son maître ; c'est le militaire en armure dont la tête est au-dessus de celle de la femme. Le même portrait a été publié dans la galerie de Florence. L'autre tête à barbe noire, à côté du juif, est celle de Palme le vieux.

Peint sur toile : largeur 4 pieds 3 pouces, hauteur 3 pieds.

2. Le Denier de César, par Louis Carache. Les pharisiens ayant demandé à Jésus si l'on devait payer le tribut à César, il se fait montrer une pièce de monnaie, et leur dit : *Rendez à César ce qui est à César, et à Dieu ce qui est à Dieu.*

Cet ouvrage, exécuté dans le dernier style du maître, offre une grande vérité dans les caractères, un coloris vigoureux, une touche large et de l'éclat dans les draperies.

Peint sur toile : largeur 4 pieds 3 pouces ; hauteur 3 pieds 3 pouces.

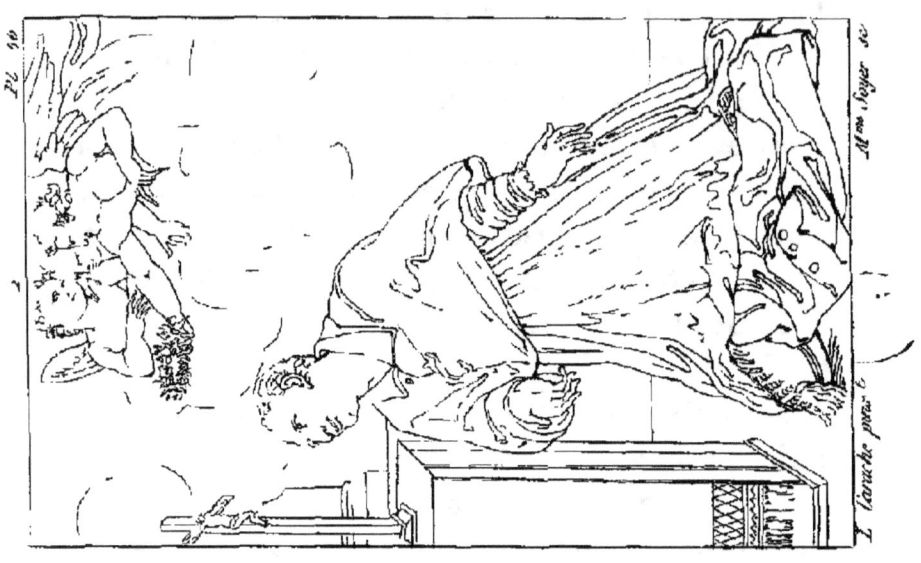

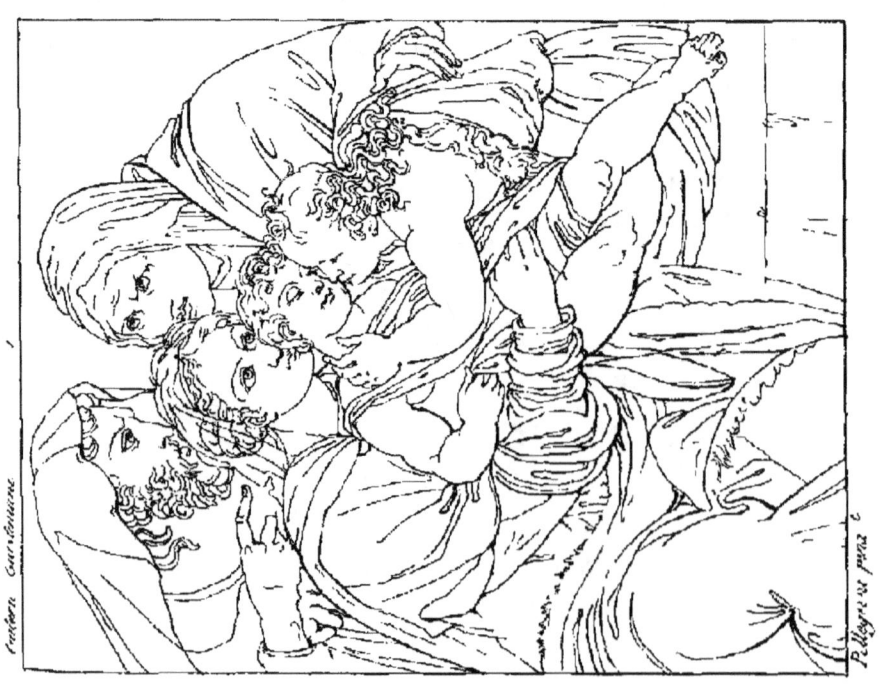

*Planche cinquante-sixième.* — *La Visitation de la Vierge;* Tableau de Pellegrino Pellegrini. 2. *S. Charles Borromée en prière; par* Louis Carache.

Le premier de ces deux tableaux a pour sujet la visite de sainte Elisabeth et de S. Joachim à la Vierge. Marie presse tendrement son fils dans ses bras, et le présente aux caresses du petit S. Jean. Cette composition, exécutée d'un pinceau brillant et facile, offre un grand goût de dessin, un coloris suave, vif et léger.

Pellegrino Pellegrini, ou Pellegrin, de Bologne, s'appliqua de bonne heure à la peinture, mais on ignore de qui il reçut les premières leçons. Vasari, après lui avoir fait copier ses peintures du réfectoire de S.-Michel *in Bosco*, et quelques bons tableaux qui se trouvaient à Bologne, l'emmena à Rome, en 1547, pour y étudier d'après les meilleurs ouvrages. Après trois ans de séjour dans cette ville il le ramena à Bologne, fort jeune encore, mais très-avancé dans son art.

Pellegrino s'est formé principalement sur les ouvrages de Michel-Ange. Il avait saisi si heureusement la manière de ce grand peintre, toutefois en la modérant par un goût de dessin moins sévère et moins fier, que les Caraches, qui l'avaient pris pour modèle, le nommaient le *Michel-Ange reformé*.

Pellegrino, appelé à la cour d'Espagne, y fit ce que le Primatice et Niccolo Abbati avaient fait en France, il l'orna de ses productions et y ramena le bon goût. Il y forma des élèves, et fut magnifiquement récompensé. Philippe II lui fit présent d'une somme considérable, et lui donna le titre de marquis de Valdelsa, dans le Milanais, où son père, avant d'aller s'établir à Bologne avait été un pauvre maçon.

Malgré ses nombreux travaux en peinture, Pellegrin avait trouvé le moyen de s'appliquer à l'architecture et à la sculpture. Il réussit particulièrement dans les figures de stuc, dont plusieurs ont été imitées par Annibal Carache dans ses peintures de la galerie du palais Farnèse. S. Charles Borromée le choisit pour bâtir le palais de la Sapience à Pavie, et la ville de Milan le nomma architecte du dôme et premier ingénieur des états. Il mourut dans cette ville, en 1592, âgé de 70 ans.

Le tableau de la Visitation de la Vierge est peint sur bois. Hauteur 32 pouces, largeur 26 pouces.

Le second tableau dont cette planche offre le trait représente S. Charles Borromée à genoux devant le crucifix. Un des trois Anges qu'on voit au-dessus de sa tête dans un nuage, lui apporte une couronne de fleurs.

Peint sur toile. Hauteur 5 pieds 8 pouces, largeur 3 pieds 8 pouces.

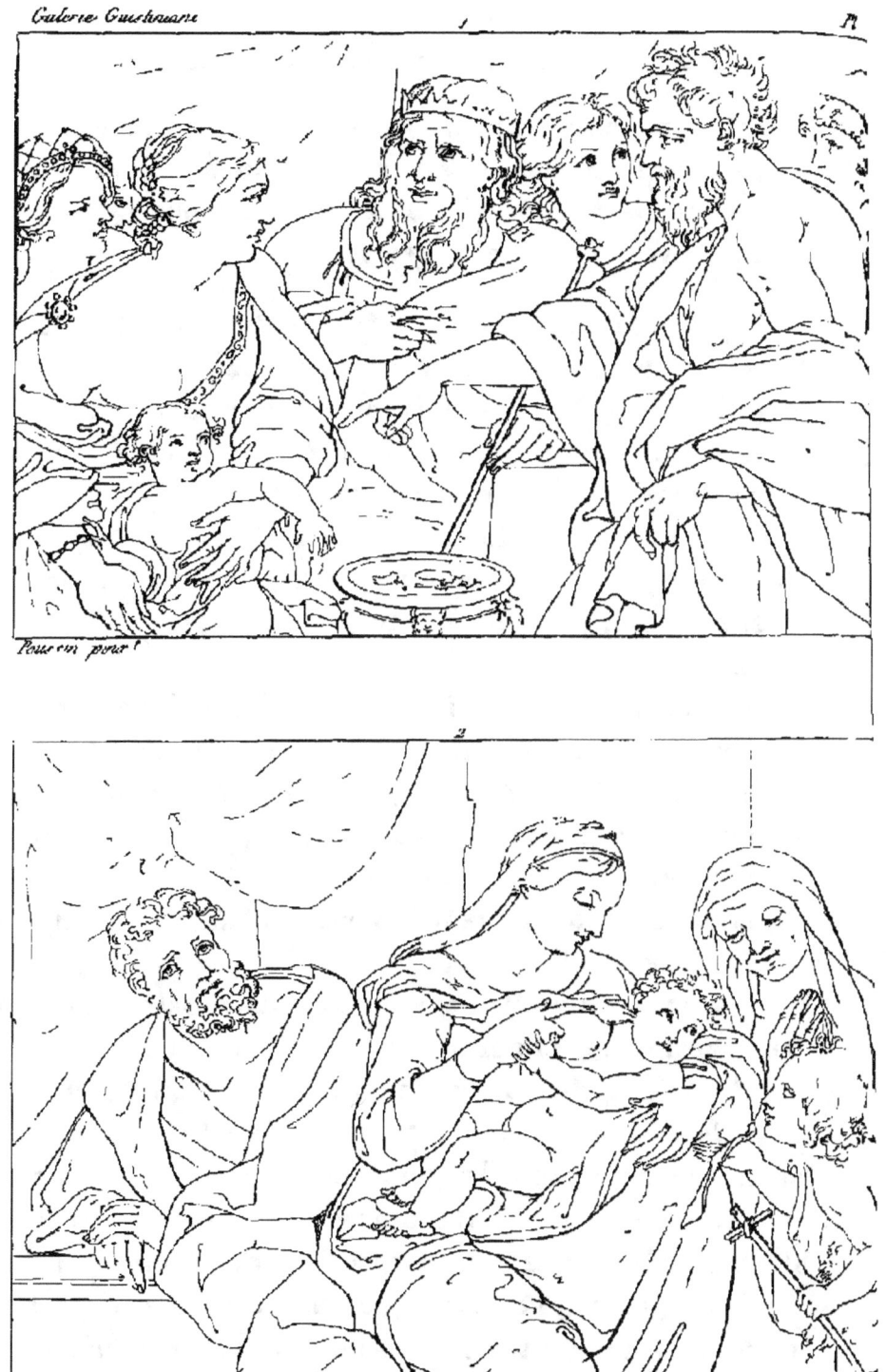

*Planche cinquante-septième.* — *Moyse enfant, assujetti aux épreuves demandées par les devins de Pharaon; Tableau de* N. Poussin. 2. *La sainte Famille; par* J. B. Salvi, *dit le Sasso Ferrato.*

1. « Gaulmin, *de vitâ et morte Mosis*, raconte que les devins de Pharaon, craignant cet enfant, qui donnait des signes d'une intelligence extraordinaire à son âge, persuadèrent au roi de présenter à l'enfant en même temps des bijoux et des charbons ardens, et s'il choisissait les bijoux de le faire mourir. Le petit Moyse était sur le point de les prendre, lorsqu'une force surnaturelle lui fit, pour se sauver, porter la main sur les charbons. »

Ce tableau, dont les figures sont d'une forte proportion, et dont l'expression et l'exécution laissent à desirer un peu plus de nerf, avait été précédemment attribué à Ruggieri, et même au Guide, on l'a reconnu depuis pour un ouvrage du Poussin.

Peint sur toile : largeur 5 pieds 4 pouces, hauteur 3 pieds 9 pouces.

2. La sainte Famille, par Jean-Baptiste Salvi, *dit* le Sasso Ferrato, du nom du lieu de sa naissance.

Fils et élève de Tarquinio Salvi, Jean-Baptiste alla se perfectionner à Rome et de là à Naples; on présume que ce fut sous le Dominiquin, avec lequel il a quelque rapport; mais il étudia encore les ouvrages de l'Albane, du Guide, du Baroche et de Raphaël. Le Sasso Ferrato a fait quelques paysages; mais la plupart de ses tableaux sont des sujets de dévotion, des figures de S. Jean-Baptiste et sur-tout des vierges. On n'y retrouve pas l'idéal de l'antique, mais une naïveté et une douceur d'expression qui conviennent mieux aux compositions de ce genre. Son pinceau est franc, et soutenu par une belle entente du clair-obscur; mais ses teintes locales sont un peu crues. Il n'a guère peint que des demi-figures, et même le plus souvent des têtes dans la dimension d'un portrait. Le plus grand ouvrage qu'il ait produit est un tableau d'autel à la cathédrale de Montefiascone.

Le Sasso Ferrato, né en 1605, est mort en 1685.

Ce tableau de la sainte Famille est composé de cinq figures. Au milieu, sur le devant, la Vierge, assise, tient sur ses genoux l'Enfant Jésus. Il est nu et vient de quitter le sein de sa mère pour regarder S. Jean qui lui présente une banderole. Au-dessus des deux enfans on voit sainte Anne, les mains jointes; du côté opposé est S. Joseph, appuyé sur un socle, et dont la figure est tout-à-fait dans la demi-teinte.

Peint sur toile. Largeur 5 pieds 1 pouce, hauteur 4 pieds 1 pouce.

Le Musée Napoléon ne possède aucun tableau de ce maître.

Galerie Giustiniani. 1. 2. Pl. 5.

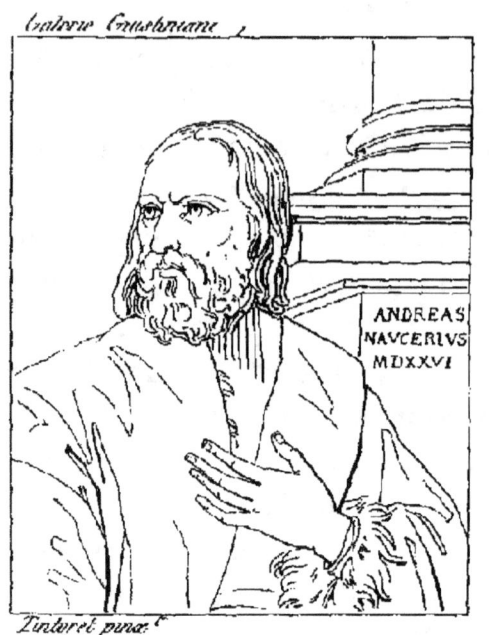

ANDREAS
NAVCERIVS
MDXXVI

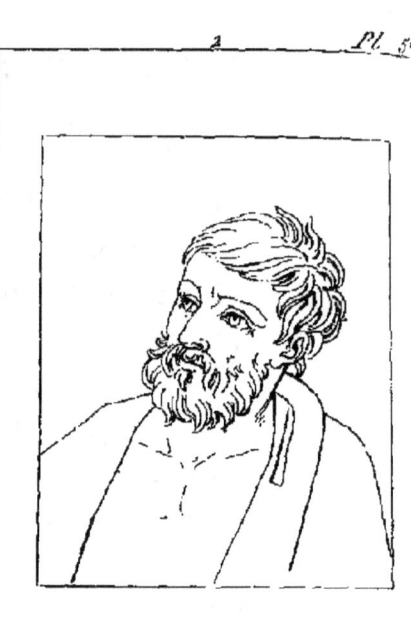

Tintoret pinx.t    M. A. De Caravage p.t

3.

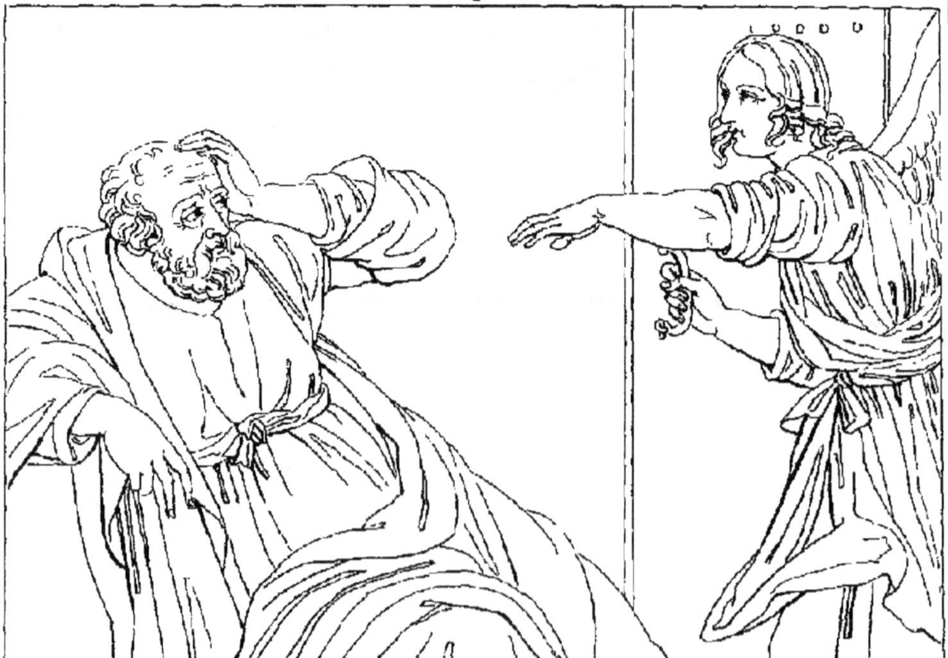

Honthorst pinx.t    C.r Normand sc.

*Planche cinquante-huitième.* — 1. *Portrait d'André Navagero; par le* Tintoret. 2. *Tête de caractère; par* M. A. de Caravage. 3. *S. Pierre délivré de prison; Tableau de* Gérard Honthorst, *dit* Gherardo dalle notti.

1. Portrait d'André Navagero, en latin *Naugerius*. Ce noble vénitien était estimé pour son éloquence et son érudition, et plus encore pour les services qu'il avait rendus à sa patrie. Il fut envoyé en ambassade par les vénitiens vers l'empereur Charles-Quint, et demeura auprès de ce prince, depuis la brillante journée de Pavie jusqu'en 1528. De retour dans sa patrie, il fut nommé ambassadeur auprès de François I$^{er}$; mais il mourut à Blois, l'an 1526, dans sa 47$^e$ année.

Il est représenté dans ce tableau presque à mi-corps, portant sa main gauche sur sa poitrine. On lit sur le piédestal d'une colonne placée derrière lui, le nom de ce savant, en grands caractères, sous la date de m. d. xxvi.

Ce beau portrait unit à l'intérêt qu'inspire le personnage qu'il représente une grande vigueur de coloris, et cette touche fière et brillante qui distingue tous les ouvrages du Tintoret.

Peint sur toile. Hauteur 25 pouces, largeur 19 pouces.

2. Une tête d'homme, vue de trois quarts, forte de caractère. Ce morceau, d'une grande vigueur de ton, et largement éclairé, paraît être une étude pour un tableau plus capital.

Peint sur toile. Hauteur 28 pouces, largeur 23 pouces.

3. S. Pierre délivré de prison. Le peintre a pris la

moment où l'Ange, à peine entré dans la prison, brise subitement les liens de l'apôtre, qui reste saisi de surprise. La lumière céleste qui accompagne l'envoyé de Dieu éclaire ces deux belles figures, et produit un effet admirable de clair-obscur. Ce n'est pas seulement sous ce rapport que ce chef-d'œuvre est remarquable : la correction du dessin, la vérité des caractères, la force et la transparence du coloris, la hardiesse et la beauté du pinceau, le placent au premier rang des productions de ce genre.

Gérard Hontorst passa plusieurs années en Italie, où il reçut le nom de *Gherardo dalle notti*, parce qu'il ne peignait guère que des sujets de nuit, genre particulier dans lequel il tient le premier rang. Il forma sa manière sur celle du Caravage ; mais il eut la précaution de n'en prendre que ce qu'elle offre de conforme au bon goût : la fraîcheur des carnations, la vigueur du relief, les belles oppositions des ombres et des lumières. Honthorst voulut y joindre la correction du dessin, la pureté des formes et la grâce des mouvemens, d'où naît ce style noble et grave qui seul convient aux sujets sacrés.

Gal. Giustiniani. 1 — Pl. 54

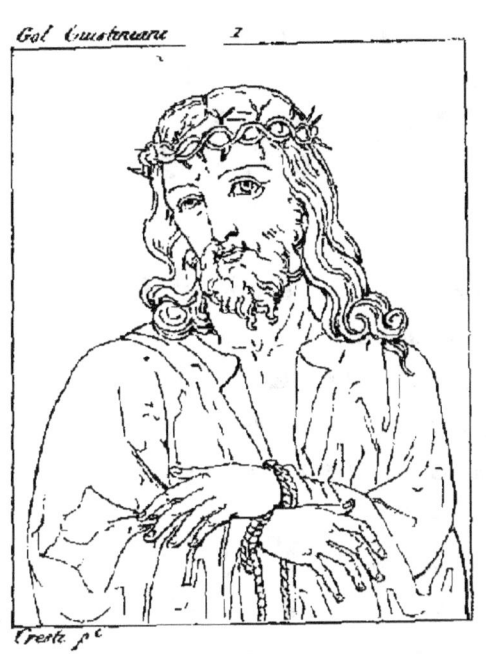
Cresti p.t

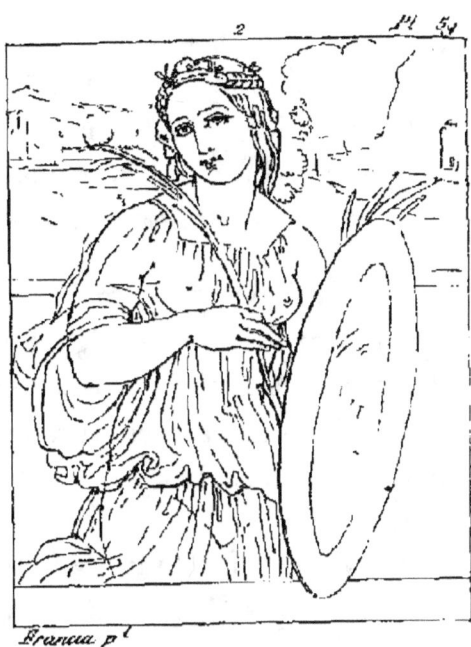
Francia p.t

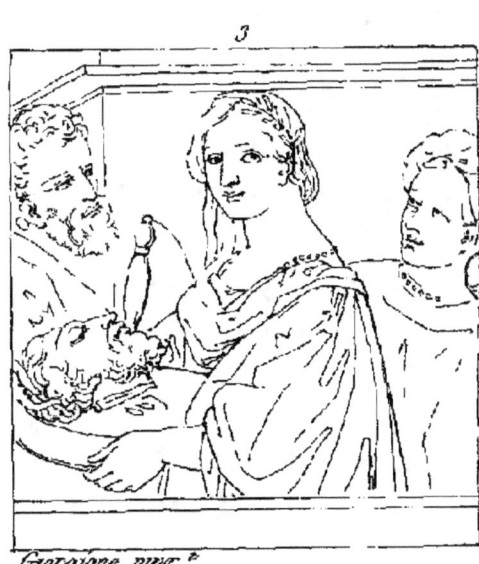
Giorgione pinx.t

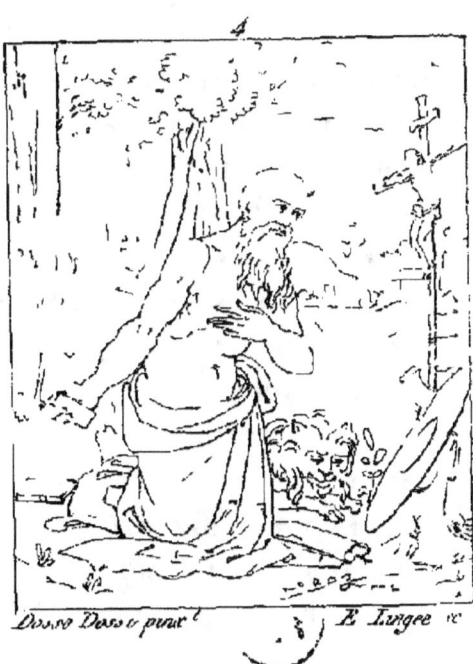
Dosso Dossi pinx.t     E. Lingee sc.

*Planche cinquante-neuvième*. — *Quatre sujets*. 1. *Le Christ couronné d'épines* ; *Tableau de* Dominique Cresti, *dit le* Passignano. 2. *Demi-figure de Femme nue* ; *par* Francia. 3. *Herodiade* ; *par le* Giorgion. 4. *S. Jérôme* ; *par* Dosso Dossi.

1. Le Christ, couronné d'épines, et vêtu d'une tunique de pourpre. Demi-figure de grandeur naturelle, vue de face, les mains croisées et liées avec des cordes : elle offre un grand caractère, un dessin correct, une expression noble et profonde, une touche précieuse et animée.

Peint sur bois : hauteur 30 pouces ; largeur 24 pouces.

Dominique Cresti, *dit* le Passignano, du lieu de sa naissance, fut un des compagnons et des émules du Cigoli, avec lequel il a beaucoup de rapport, et élève de Naldini et de Frédéric Zuccari; il demeura long-temps à Venise. On voit en différentes villes d'Italie plusieurs tableaux qu'il avait fait ébaucher par ses élèves, et qu'il a terminés avec un soin particulier. On cite principalement un Christ mort, dans la chapelle des Mondragone, à Frascati ; une Déposition de croix, au palais Borghèse, à Rome; un Portement de croix, à S. Jean, et quelques autres à Florence. Son plus bel ouvrage, peut-être, est à Passignano, dans l'église des religieux de Vallombrose ; il y a peint une Gloire qui passe pour son chef-d'œuvre, et dont l'exécution l'a rendu digne d'avoir pour élèves Louis Carache, fondateur de l'école bolonaise, et Alexandre Tiarini, qui l'a honorée par ses talens.

Dominique Cresti, est né en 1560, et mort en 1638.

Le Musée Napoléon ne possède aucun ouvrage de sa main.

2. Une demi-figure de Femme vêtue d'une gaze si légère qu'elle ne dérobe aucune des formes de son corps. Elle soutient de la main gauche un bouclier, et tient une palme dans la main droite. Le haut de la figure se détache sur un fond de paysage.

Ce tableau, attribué par les uns à Francia, par d'autres à Ghirlandaio, est exécuté avec finesse. Il est peint sur bois, et a 30 pouces de haut sur 22 pouces de large.

3. Hérodiade reçoit des mains d'un soldat la tête de S Jean-Baptiste, posée sur un plat. Ce tableau, du Giorgion, est très-chaud de coloris ; l'effet général a peu d'éclat ; mais il est harmonieux et d'un pinceau soigné.

Peint sur bois : hauteur 32 pouces ; largeur 29 pouces.

4. S. Jérôme à l'entrée de sa grotte. Petite composition attribuée à Dosso Dossi et à Jean-Baptiste son frère, parce qu'ils travaillaient souvent ensemble aux mêmes ouvrages.

Ce tableau, cru et sec de dessin, d'exécution et de coloris, a pu mériter, vu la rareté des ouvrages des Dosso, une place dans la collection Giustiniani comme pièce chronologique. Il est peint sur bois, et a 22 pouces de haut sur 19 pouces de large.

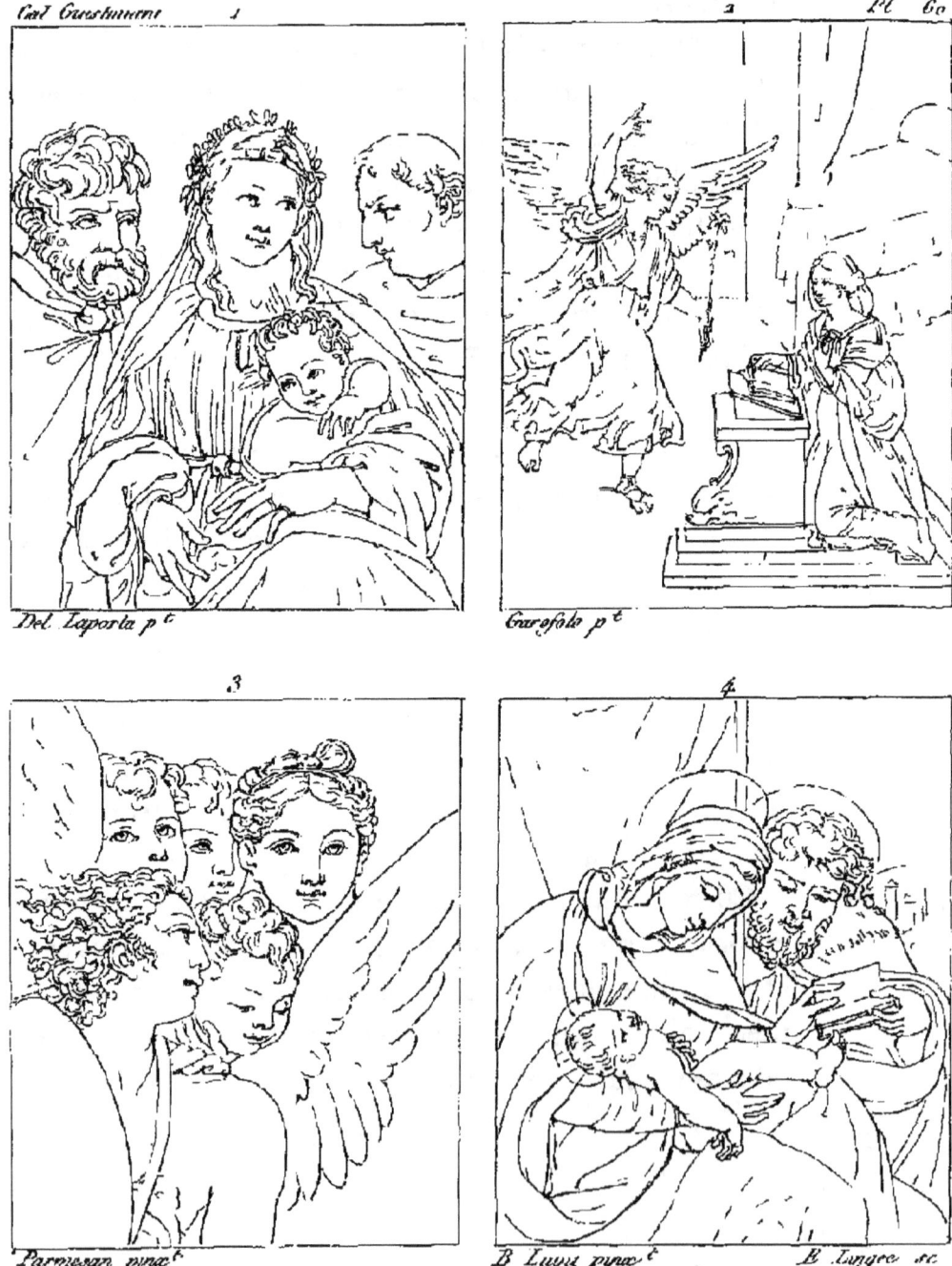

*Planche soixantième.*—1. *La sainte Famille ; par* Baccio della Porta. 2. *L'Annonciation ; par* Garofolo. 3. *Groupe de cinq têtes d'Anges ; par le* Parmesan. 4. *La sainte Famille ; par* Bernard Luini.

1. La Vierge, coiffée avec goût et élégance, et vêtue de riches habits, tient dans ses bras l'Enfant Jésus. A sa droite est S. Joseph ; du côté opposé, S. Antoine de Padoue. La tunique de la Vierge est d'un rouge foncé ; son manteau est vert. S. Joseph a une draperie jaune. Le style de ce tableau est simple, les couleurs locales sont nettes et vives.

Peint sur bois : hauteur 32 pouces ; largeur 19 pouces.

Baccio della Porta est le même que Fra Bartolomeo de Saint-Marc, religieux dominiquin de Florence. Nous avons eu occasion de donner une notice sur ce grand peintre dans un des volumes de la première collection de ces *Annales*.

2. L'Annonciation. Petit tableau qui paraît être l'esquisse terminée d'un plus grand ouvrage.

Peint sur bois : hauteur 12 pouces ; largeur 10 pouces.

3 Ce Groupe de cinq têtes d'Anges, de grandeur naturelle, est l'étude du célèbre tableau de la Vierge aux Anges, *dit* la Vierge au long col, qui, du palais Pitti a passé au Musée Napoléon (1). Cette étude, précieuse par la finesse des caractères et la légèreté du pinceau, jouit de l'avantage d'une parfaite conservation.

Peint sur toile : hauteur 2 pieds ; largeur 14 pouces.

(1) Voyez *Annales du Musée*, tome 5, pl. 39, page 85.

4. La Vierge et S. Joseph sont occupés à lire tandis que l'Enfant Jésus repose. Il est entièrement nu, le bras tombant, et la tête appuyée sur celui de sa mère. Une simplicité gracieuse, un sentiment doux et naif, distinguent ce charmant tableau.

Bernard Luini fut un des plus habiles imitateurs de Léonard de Vinci.

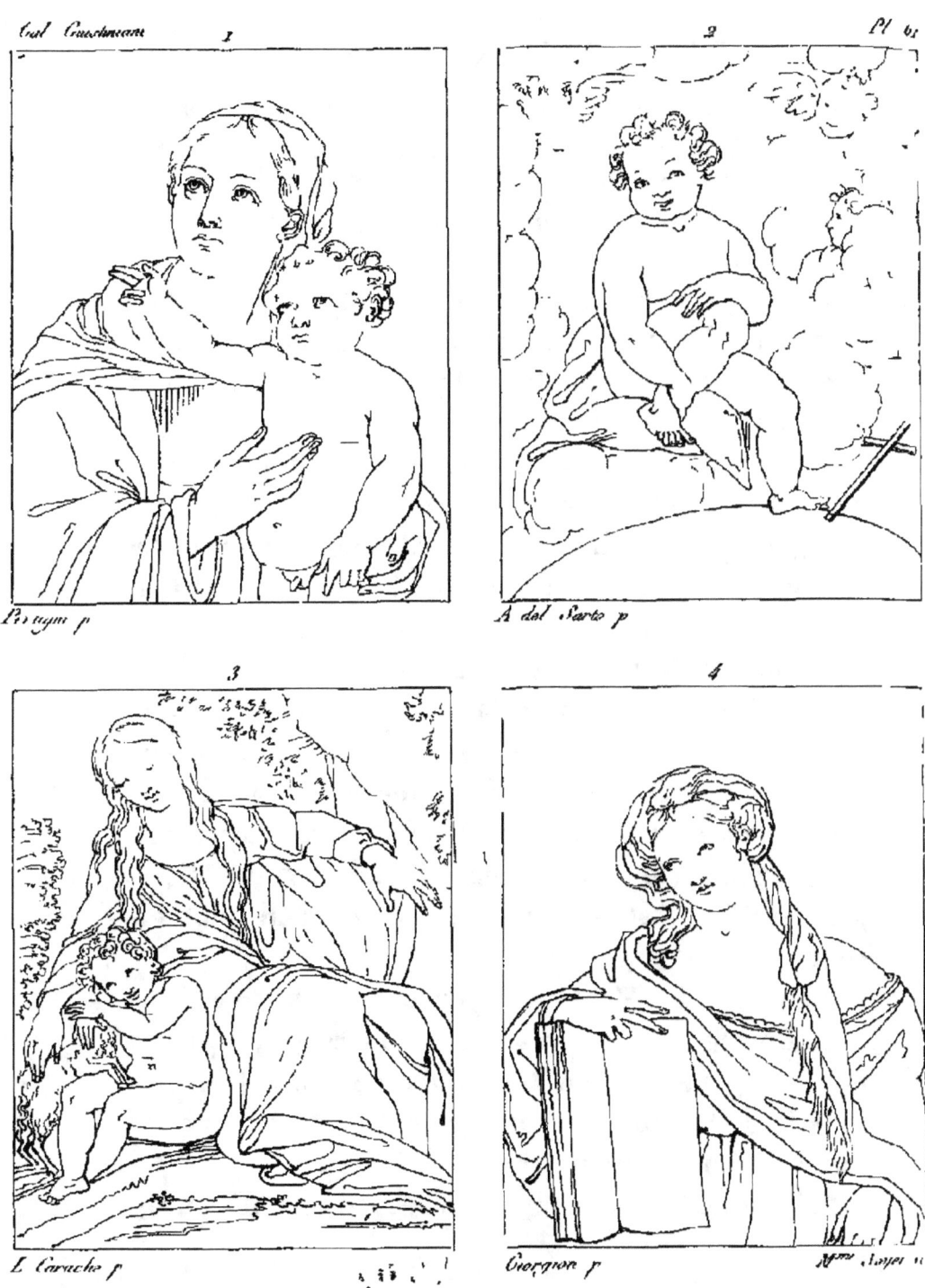

*Planche soixante-unième.* — 1. *La Vierge avec l'Enfant Jésus; Tableau du* Pérugin. 2. *L'Enfant Jésus; par* André del Sarto. 3. *Le Repos de la Vierge; par* Louis Carache. 4. *Une Sibylle; par le* Giorgion.

1. Petit tableau de chevalet, peint sur bois, haut de 15 pouces, large de 12 pouces; il représente la Vierge, vue à mi-corps, tenant l'Enfant Jésus qui donne sa bénédiction.

2. L'Enfant Jésus, entièrement nu, assis sur un nuage, a les pieds posés sur un globe. Sa tête se détache sur une gloire dans le haut de laquelle on remarque des chérubins. Ce morceau est d'une couleur fraîche et vive.

Peint sur bois. Hauteur 23 pouces, largeur 17 pouces.

3. La Vierge est assise dans un lieu solitaire; elle a près d'elle l'Enfant Jésus qui joue avec un agneau. Ces deux figures, d'un dessin ferme et touchées largement, indiquent l'époque où Louis Carache faisait son étude principale des productions du Corrège. Cette jolie esquisse est pleine de goût, et d'un effet vigoureux.

Peint sur toile. Hauteur 15 pouces, largeur 10 pouces.

4. Une Sibylle, représentée à mi-corps, la main droite appuyée sur un livre ouvert; elle est ajustée dans le style qui est familier au Guerchin pour ces sortes de sujets, qu'il a souvent répétés.

Peint sur bois. Hauteur 20 pouces, largeur 16 pouces.

Galerie Giustiniani. 1     2     Pl. 62

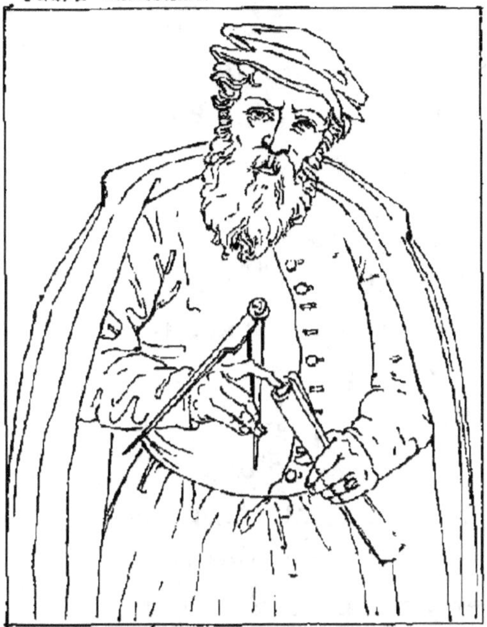

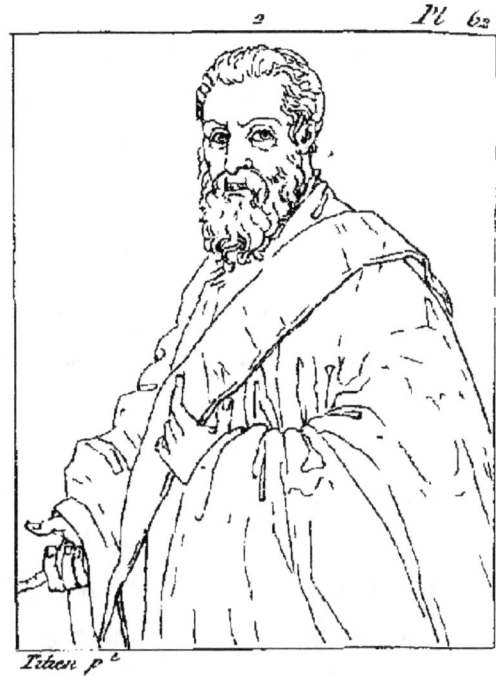

Tintoret pinx.     Titien p.t

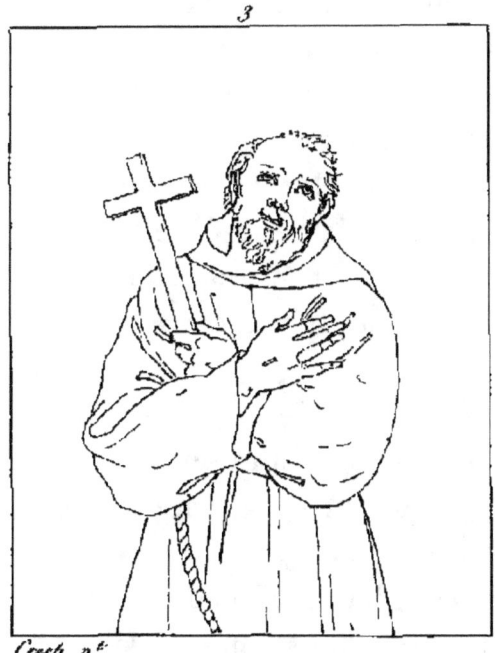

Cresti p.t     Bonet p.t     E. Lingée sc.

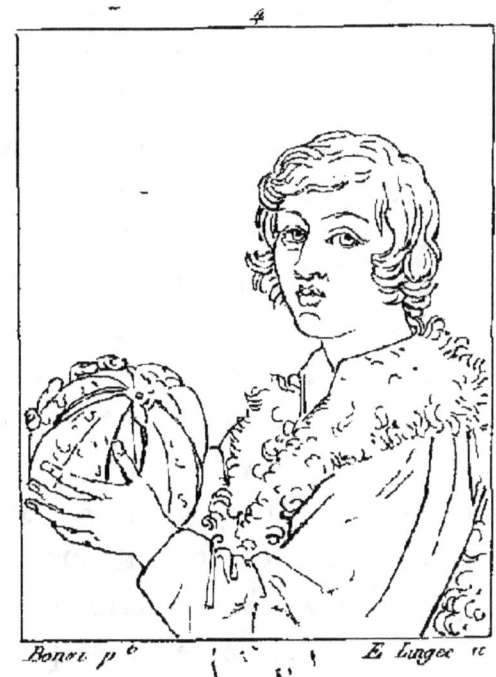

*Planche soixante-deuxième.* — 1. *Portrait de Sansovino; par le* Tintoret. 2. *Portrait d'un Sénateur vénitien; par le* Titien. 3. *S. François; par* D. Cresti, *dit le* Passignano. 4. *Portrait de Bonzi; par lui-même.*

1. Ce beau portrait est celui de Jacques Fatti, *dit* Sansovino, né à Florence en 1479, et qui s'est rendu célèbre comme sculpteur et comme architecte. Il a exercé ses talens à Rome, et principalement à Venise, et c'est dans cette dernière ville qu'il passa la plus grande partie de sa vie. Il y jouissait d'une telle considération que, dans une taxe générale imposée par le gouvernement, le Titien et lui furent les seuls que le Sénat jugea à propos d'en exempter. Sansovino y mourut en 1570, âgé de 91 ans.

Cet artiste est représenté debout, vu de face et jusqu'aux genoux, vêtu d'un habit de soie noire, couvert d'un large manteau, et tenant un rouleau de papier et un compas. Il est coiffé d'une toque verte.

Ce portrait peut être comparé aux plus beaux du Titien; il ne le cède à aucun ni pour la beauté de la touche ni pour la vérité du coloris. C'est un morceau du premier ordre. Il est cité par Ridolphi, dans la vie du Tintoret.

Peint sur toile. Haut de 39 pouces, large de 26 pouces.

2. Portrait d'un Sénateur vénitien, procurateur de S.-Marc. Il est vu jusqu'aux genoux et de grandeur naturelle, et portant une large robe pourpre.

Peint sur bois. Hauteur 59 pouces, largeur 30 pouces.

Le Titien a peint les plus illustres personnages de

son temps. Ce portrait est un des plus beaux qui soient sortis de sa main.

3. S. François en contemplation. Ses mains sont croisées sur sa poitrine; il tient la croix; sa tête est légèrement penchée; ses regards sont élevés vers le ciel. Cette demi figure, de grandeur naturelle, est d'une manière forte qui rappelle les premiers ouvrages du Guide, contemporain du Passignano.

Peint sur toile. Hauteur 4 pieds 2 pouces, largeur 2 pieds 11 pouces.

4. Portrait de Pierre-Paul Bonzi, peint par lui-même. Bonzi surnommé le Bossu (*il gobbo*), était encore désigné sous le nom de Gobbo de Cortone, parce qu'il était originaire de cette ville, ou des Caraches, parce qu'il avait suivi leur école, ou des fruits, parce qu'il excellait dans ce genre de peinture.

Bonzi ou le Gobbo s'est représenté tenant un melon, comme pour indiquer son principal talent, car il peignait encore la figure et le paysage.

Ce beau portrait, peint sur toile, a 28 pouces de haut sur 22 pouces de large.

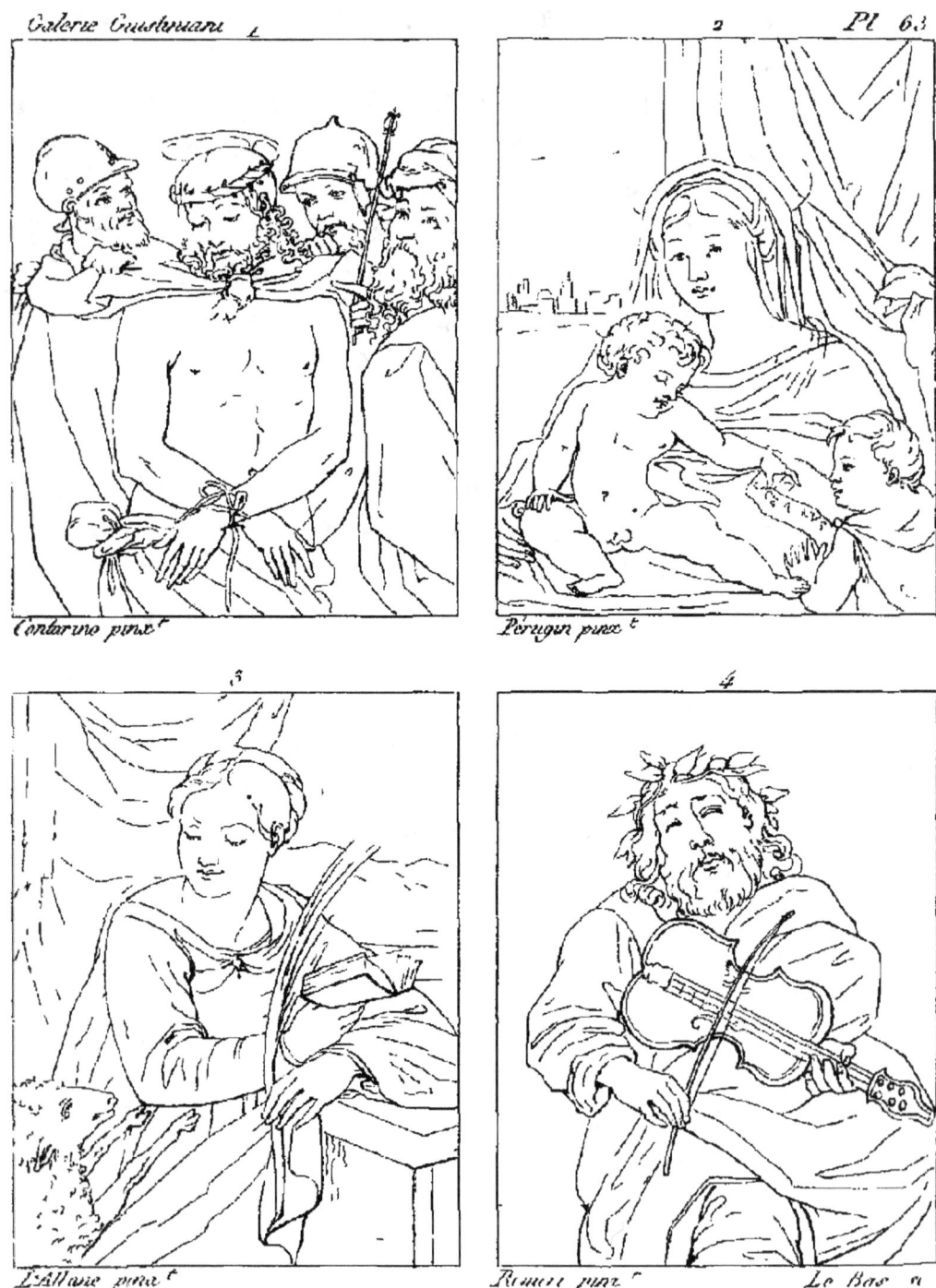

*Planche soixante-troisième.* — 1. *Jésus présenté au peuple;* Tableau de Contarino. 2. *La Vierge, l'Enfant Jesus et le petit S. Jean;* du Pérugin. 3. *Sainte Agnès;* par *l'*Albane. 4. *Homère aveugle; par* Renieri.

1. Le Sauveur, dépouillé de ses vêtemens, les mains liées et la tête couronnée d'épines, est présenté au peuple dans cet état de souffrance et d'humiliation. Les gardes de Pilate l'insultent et lui arrachent son manteau.

Peint sur bois : hauteur 27 pouces ; largeur 21 pouces.

Ce tableau, qui n'est pas très-fort de caractère et d'expression, se fait remarquer par la vérité et la simplicité du dessin et du coloris.

Jean Contarino, peintre vénitien, né en 1549, fut un des plus zélés imitateurs du Titien. Il commença par des portraits, et s'éleva par degrés aux grandes compositions. Il peignit, à l'église de S.-François de Paule, une Résurrection et quelques autres tableaux de sainteté très-estimés pour le coloris, pour le mouvement et la disposition. Ses sujets favoris étaient ceux que lui fournissaient la fable. Il a beaucoup travaillé pour les cabinets, à Venise et en Allemagne, où il avait été attiré par l'empereur Rodolphé II; il fit le portrait de ce prince et plusieurs autres ouvrages. Il revint dans son pays avec le titre de chevalier, et y mourut en 1605, âgé de 56 ans.

2. L'Enfant Jésus est sur les genoux de sa mère, et tient la banderole de l'*agnus Dei* que S. Jean lui présente.

Peint sur bois : hauteur 23 pouces ; largeur 18 pouces.

3. Demi-figure représentant sainte Agnès appuyée sur un piédestal ou un autel. Elle tient un livre d'une main, et de l'autre une palme, symbole du martyre. Ses regards sont baissés, et se portent sur sa brebis qui vient la caresser.

Ce tableau mérite une distinction particulière, et peut-être considéré comme un morceau de la plus belle exécution. Le dessin de la figure est pur et correct, l'expression noble et gracieuse : le coloris en est vrai, fin, harmonieux; il y a beaucoup de transparence dans les ombres, de grâce et de légèreté dans la touche.

Peint sur toile : hauteur 2 pieds 4 pouces ; largeur 22 pouces.

4. Niccolo Renieri Mabuseo étudia la peinture sous Manfredi, et se forma une manière qui tient tout à-la-fois du goût italien et du goût flamand; comme le prouve cette figure d'Homère, dont le coloris et l'effet sont assez bien entendus, mais dans laquelle on ne trouve ni le style, ni le caractère, ni les convenances qu'exige le sujet.

Peint sur toile : hauteur 3 pieds 7 pouces ; largeur 36 pouces.

Niccolo Renieri eut quatre filles, auxquelles il transmit ses talens, et qui furent estimées à Venise. Anne et Angélique demeurèrent auprès de lui. Vecchia, peintre vénitien, épousa Clorinde; Lucrèce fut mariée à Daniel Vandyck, cité par Lanzi comme peintre français.

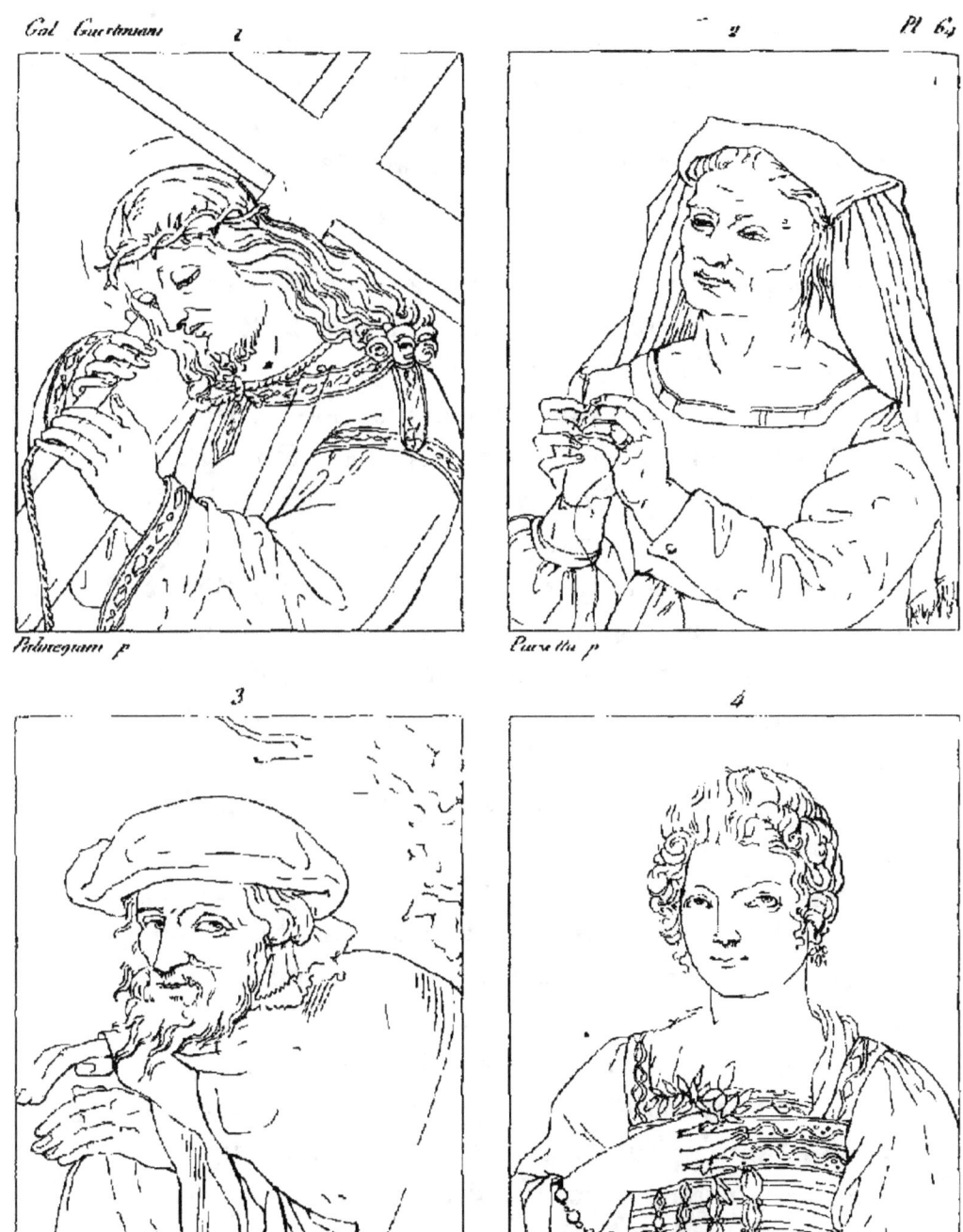

*Planche soixante-quatrième.* — 1. *Jesus portant sa Croix;* Tableau de Palmégiani. 2. *Vieille Femme, vue à mi-corps;* Tableau de Piazetta. 3. *Tête de Vieillard;* par le même. 4. *Portrait de Femme;* par M. A. de Caravage.

1. Jésus portant sa croix ; ouvrage d'un peintre qui vivait au commencement du seizième siècle. Ce morceau n'a guère d'autre recommandation que son ancienneté, et n'est curieux et intéressant que pour l'histoire de l'art. L'auteur y a mis cette inscription : *Marcus Palmezianus, Foroliviensis faciebat, M. CCCCC. III.* Lanzi, qui a donné quelques détails sur Palmégiani, cite un certain nombre de ses compositions, entre autres un Christ mort, soutenu par Joseph et par Nicodême. Ce tableau qu'il a vu à Vicence, au palais Vincentini, lui a paru un bon ouvrage.

Celui dont nous donnons ici l'esquisse est peint sur bois, et a 22 pouces de haut, sur 18 pouces de large.

2. Figure à mi-corps d'une vieille femme, dans le costume napolitain, et occupée à passer un fil dans une aiguille. Ce portrait est bien étudié et chaud de couleur.

J.-B. Piazetta, à qui l'on attribue ce portrait, de même que le suivant, avait adopté dans ses premiers ouvrages l'emploi des grandes lumières ; il se jeta depuis dans le système opposé. Ayant travaillé à Bologne avec l'Espagnolet, et étudié les peintures du Guerchin, il exagéra ces fortes oppositions des lumières et des ombres dont ces deux maîtres avaient usé; aussi son coloris a-t il fait beaucoup de tort à ses compositions, qui, sous d'autres rapports, méritent d'être considérées.

Peint sur toile Hauteur 23 pouces, largeur 17 pouces.

3 Un buste de vieillard vêtu d'un large manteau, coiffé d'une toque, et ajusté d'une fraise : il est occupé à se chauffer. Il y a de la vérité dans ce tableau.

Peint sur toile. Hauteur 24 pouces, largeur 18 pouces.

4. Ce superbe portrait est, suivant les anciens catalogues de la galerie Giustiniani, celui d'une courtisane, nommée Phyllis, qui était à Rome du temps du Caravage. Son corsage de couleur verdâtre, est relevé de légeres broderies en or.

Peint sur toile. Hauteur 26 pouces, largeur 20 pouces.

Galerie Giustiniani                    Pl.

1                                      2

Aug. Carache pinxt           Dondouve pinxt

3                                      4

A. del Sarto pinxt    Fr. d'Imola pinx.ت    C. Normand

*Planche soixante-cinquième.*—1. *Vénus et l'Amour ; par* Augustin Carache. 2. *Didon ; par* Jean-André Donducci. 3. *Portrait d'une Mère avec son Enfant ; par* André del Sarto. 4. *La sainte Famille ; par* Fr. d'Imola.

1. Vénus assise dans un paysage, et ayant auprès d'elle son fils, qu'elle embrasse.

Peint sur toile : hauteur 2 pieds ; largeur 18 pouces.

Il existe une gravure de ce tableau sous le nom d'un des Caraches ; ainsi la composition est incontestablement due à l'un de ces maîtres ; mais l'originalité du tableau n'est pas aussi évidente : toutefois notre opinion personnelle ne tire point à conséquence.

2. Cette jolie esquisse, d'un effet harmonieux et piquant, est de la main de Jean-André Donducci, élève des Caraches : la touche en est spirituelle et moëlleuse. (*Voyez Annales du Musée*, partie ancienne, tome 2, pl. 17, pag. 43.)

Peint sur toile : hauteur 11 pouces ; largeur 8 pouces.

3. La Vierge tenant dans ses bras l'Enfant Jésus. Le caractère de ces deux figures donne lieu de croire que l'artiste a fait le portrait d'une Mère avec son Fils.

Peint sur bois : hauteur 3 pieds 9 pouces ; largeur 2 pieds 10 pouces.

4. La Vierge avec l'Enfant Jésus qui tient un globe. Près d'eux est S. Joseph en prières.

Peint sur bois : hauteur 1 pied 9 pouces ; largeur 1 pied 2 pouces.

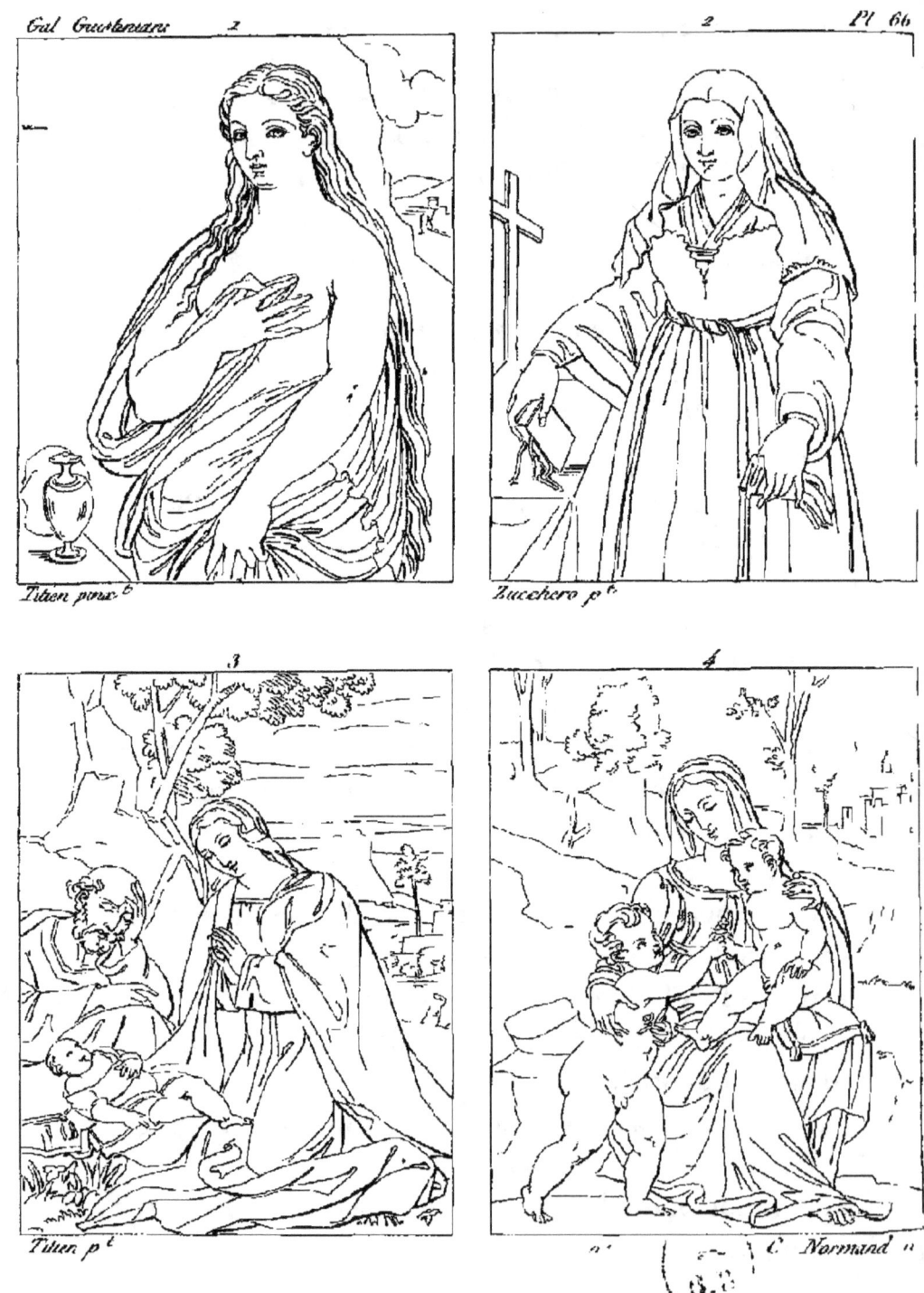

*Planche soixante-sixième.* — 1. *Une Femme sortant du bain ; par le* Titien. 2. *Portrait de Femme ; par* Zucchero. 3. *La sainte Famille dans un paysage.* 4. *La Vierge, l'Enfant Jésus et S. Jean.*

1. **Une Femme sortant du bain**, et ayant devant elle un vase de parfums. Elle est représentée nue, à mi-corps, et tenant une étoffe légère dont elle se couvre la poitrine. Sa tête est ornée de beaux cheveux blonds qui retombent sur ses épaules. La figure se détache sur un fond dont l'obscurité fait ressortir la fraîcheur et la finesse des carnations. On peut ranger ce tableau parmi les belles productions de Titien.

Peint sur toile : hauteur 3 pieds 2 pouces ; largeur 2 pieds 7 pouces.

2. **Portrait de Femme** dans le costume des dames romaines à la fin du 15ᵉ siècle. Elle est représentée jusqu'aux genoux, debout, et près d'un pupître sur lequel elle pose un livre. Si l'on en croit une ancienne tradition, ce portrait est celui de Lucrèce Vannozzi. On le doit au pinceau de Thadée Zucchari ou Zucchero. La tête est bien dessinée, et les mains sont fort belles.

Peint sur toile : hauteur 3 pieds 10 pouces ; largeur 3 pieds 3 pouces.

3. **La sainte Famille dans un paysage.** Esquisse terminée. La Vierge à genoux, les mains jointes, est en adoration devant l'Enfant Jésus étendu sur un coussin. Près d'eux est S. Joseph, assis et dans la méditation. Tableau attribué au Titien.

Peint sur bois : hauteur 22 pouces ; largeur 19 pouces.

4. La Vierge assise dans un lieu agreste et solitaire. Elle est vue de face, tenant d'une main sur ses genoux l'Enfant Jésus, tandis que de l'autre elle lui présente le petit S. Jean, qui vient lui offrir des fleurs.

Tableau d'André del Sarto.

Peint sur bois : hauteur 2 pieds et demi ; largeur 2 pieds 2 pouces.

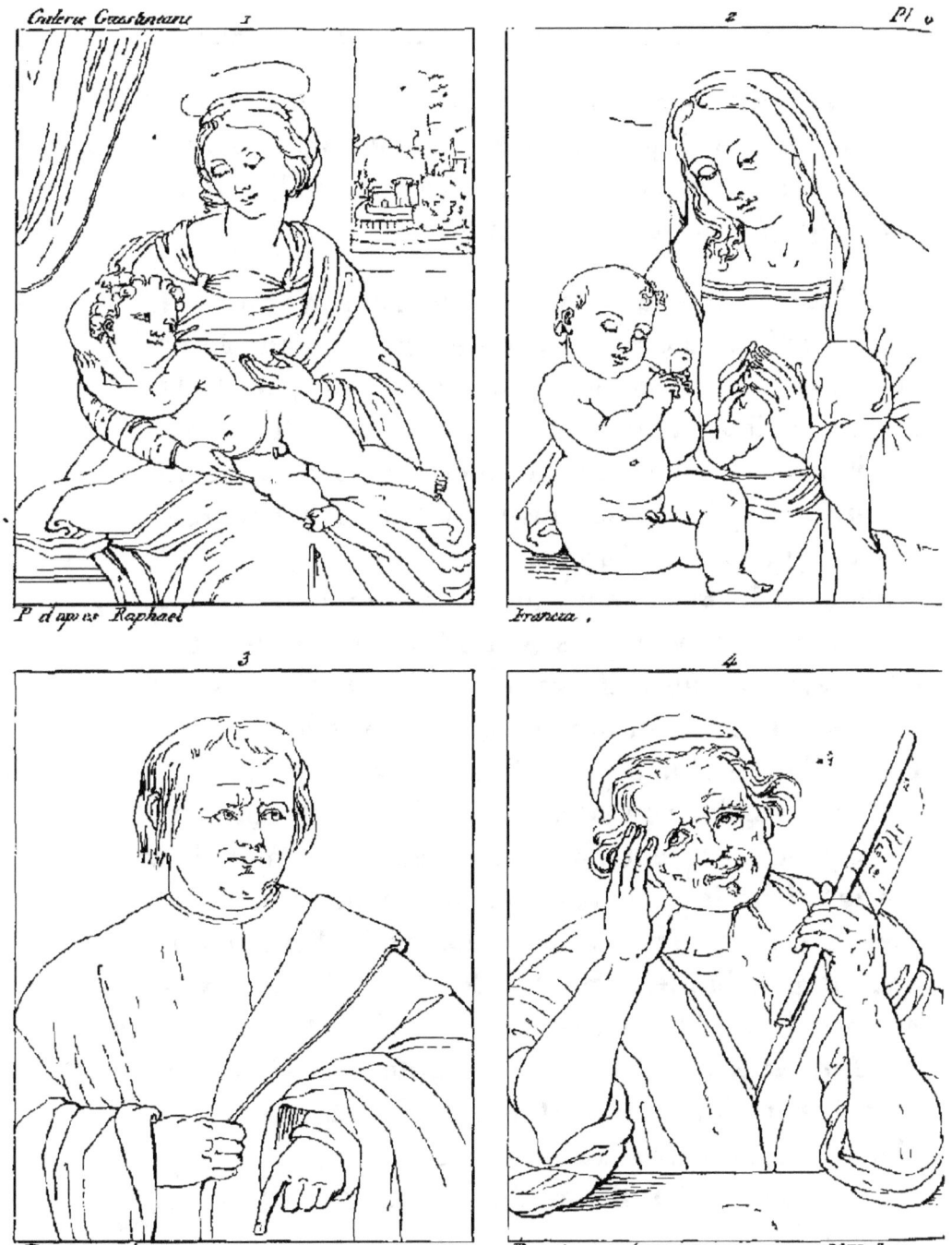

*Planche soixante-septième.* — 1. *Le Reveil de l'Enfant Jésus;* d'après Raphael. 2. *La Vierge et l'Enfant Jésus;* par Francia. 3. *Portrait de Luther;* par le Titien. 4. *Portrait d'Homme;* par Piazetta.

1. Cette bonne copie, dont l'original se voyait à la célèbre galerie d'Orléans, représente l'Enfant Jésus sur les genoux de sa mère. La grâce et la pureté du dessin, la douceur des caractères, et l'exactitude des détails, se retrouvent dans ce morceau soigneusement exécuté, et rappellent le souvenir d'une des plus agréables productions de Raphaël.

Peint sur bois: hauteur 2 pieds, largeur 18 pouces.

2. La Vierge est représentée les mains jointes et la tête couverte d'un voile verdâtre, bordé d'un liseret tracé en or. L'Enfant Jésus assis devant elle, sur une une table, tient une poire dans sa main.

Ce petit tableau, peint sur bois, dans une dimension de 18 pouces de haut sur 14 de large, est composé et dessiné dans le goût naïf qui distingue le Francia; mais il est inférieur, sous le rapport de l'exécution, aux vierges du même maître dont nous avons précédemment donné l'esquisse.

3. Luther est représenté dans le costume des hermites de S.-Augustin. On le voit de face, la tête nue, et les cheveux courts, rabattus sur le front.

Peint sur toile: hauteur 27 pouces; largeur 24 pouces.

4. Etude ou portrait d'un Homme âgé, dans le costume d'un ouvrier. Il a les deux coudes posés sur une

table, la tête appuyée sur sa main droite, et tient dans la gauche un éventail à l'usage des gens du commun. Ce morceau est très-soigné, et réunit la finesse et la variété du coloris.

Peint sur toile : 23 pouces de haut sur 17 de large.

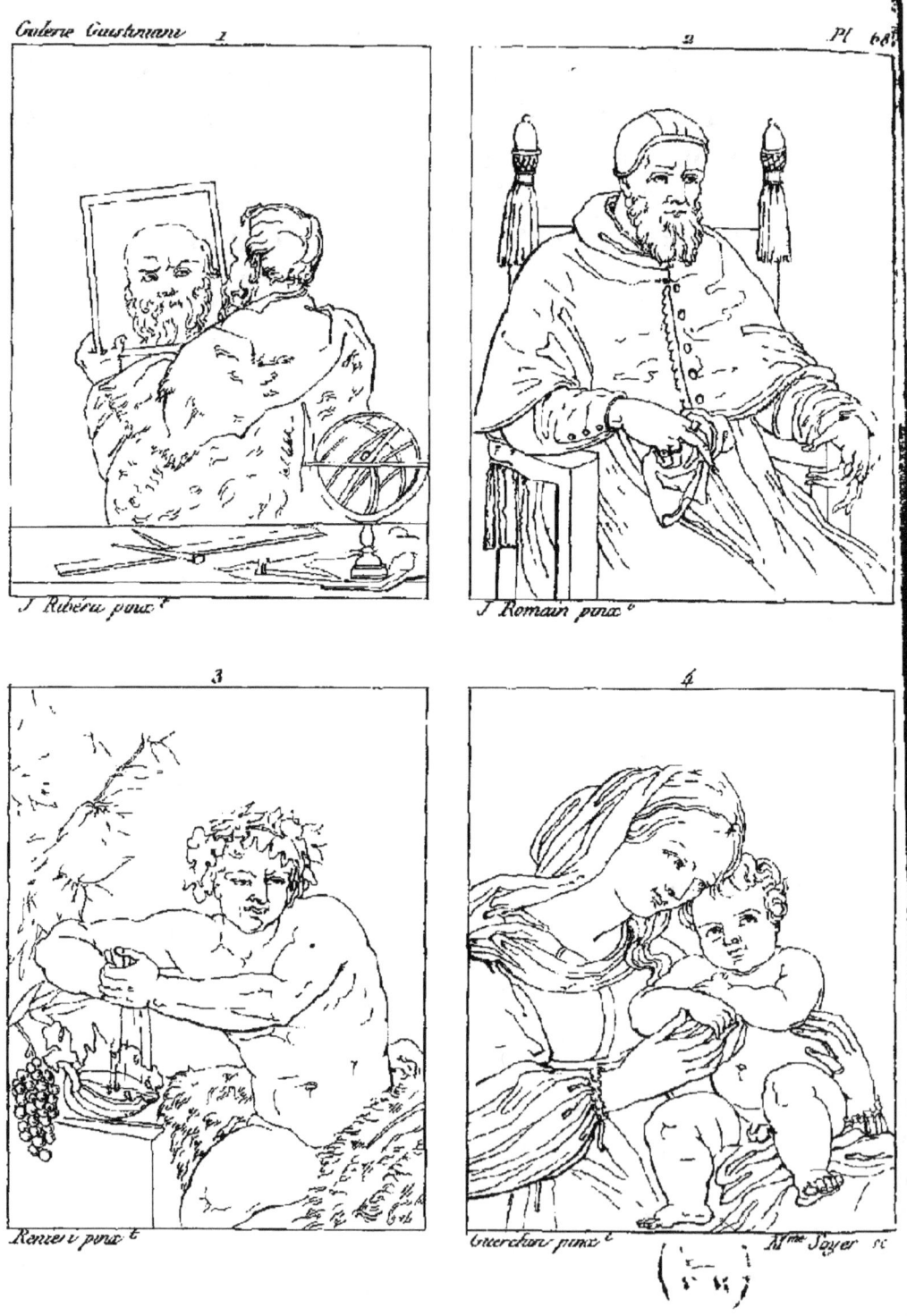

*Planche soixante-huitième.* — *Archimède; par* J. Ribera, dit l'Espagnolet. 2. *Portrait de Jules II ; par* Jules Romain. 3. *Un Faune; par* Renieri. 4. *La Vierge et l'Enfant Jesus ; par le* Guerchin.

1. L'inconvenance et la rusticité du costume pouraient faire admettre quelque doute sur le sujet présumé de ce tableau; mais on sait que l'Espagnolet a mis généralement peu de choix dans le style de ses compositions. Uniquement occupé de l'imitation individuelle et de la recherche des effets pittoresques, il n'a possédé ni le grandiose des formes, ni la noblesse d'expression, ni la pureté de goût qui distinguent le peintre d'histoire. Heureux, du moins, d'avoir su racheter ces défauts par un coloris admirable, par la magie du pinceau, et sur-tout par cette énergie de sentiment qui anime et rend palpable tout ce qui est du ressort de l'imitation ; pour s'en convaincre, il suffirait de jeter les yeux sur son tableau de la Crêche, que l'on voit au Musée Napoléon, et qu'on peut citer comme étant dans son genre un des plus beaux ouvrages que la peinture ait produits.

L'Archimède, dont nous donnons ici le trait, est vu de dos, et tenant un miroir qui réfléchit les traits de son visage. Sur le devant du tableau est une table couverte d'instrumens de mathématiques.

Peint sur toile. Hauteur 3 pieds 9 pouces, largeur 3 pieds.

2. Portrait du pape Jules II, lorsqu'il avait laissé croître sa barbe. Cette belle copie, dont le Musée

Napoléon possède l'original, est attribué à Jules Romain. C'est un morceau précieux pour la vérité du caractère, la fierté du coloris et le fini du pinceau.

Peint sur toile. Hauteur 34 pouces; largeur 30 pouces.

3. Un Faune, assis, et pressant une grappe de raisin, dont le jus remplit une coquille. Cette figure offre peu de finesse sous le rapport du dessin et de l'expression, mais il y a de la vigueur dans l'effet, et de la vérité dans la couleur.

Peint sur toile. Hauteur 3 pieds 10 pouces; largeur 3 pieds 2 pouces.

4. Ce tableau de la Vierge et son Fils est sans contredit du plus beau faire du Gerchin; il présente une finesse de ton qu'on ne retrouve pas au même degré dans tous les ouvrages de ce maître.

Peint sur toile. Hauteur 28 pouces; largeur 22 pouces.

Galerie Giustiniani

Pl. 69

1. L. de Vinci pinx.t
2. Titien pinx.t
3. Salviati pinx.t
4. N p
5. Dosso Dossi pinx.t
6. Borgiano pinx.t — F.L. Lingée sc.

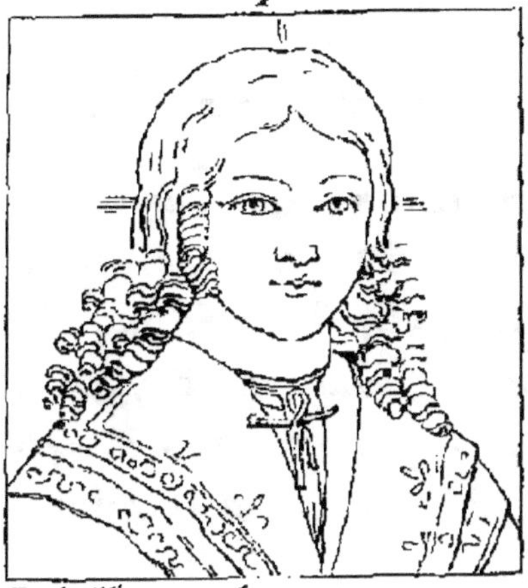

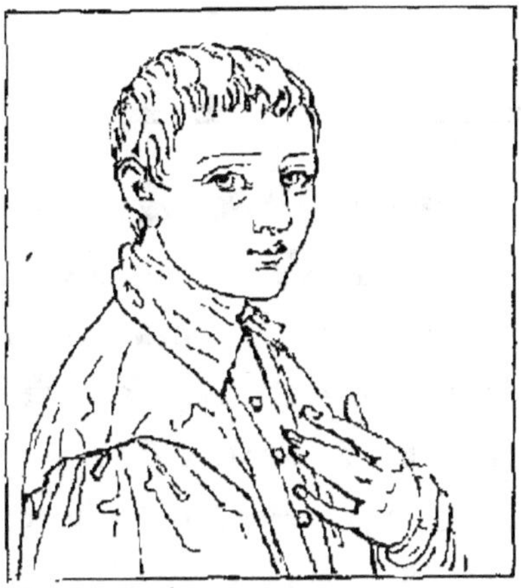

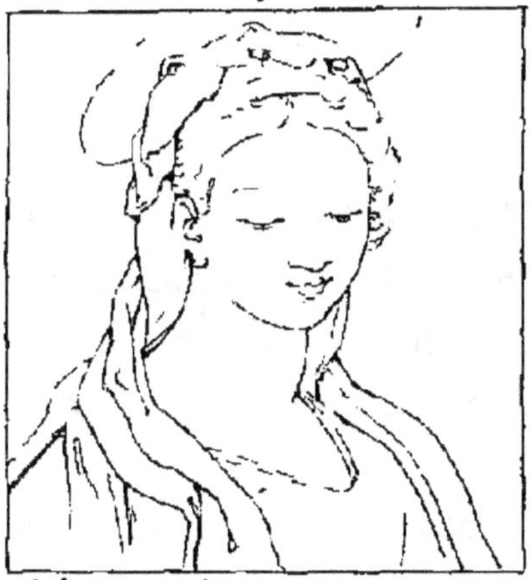

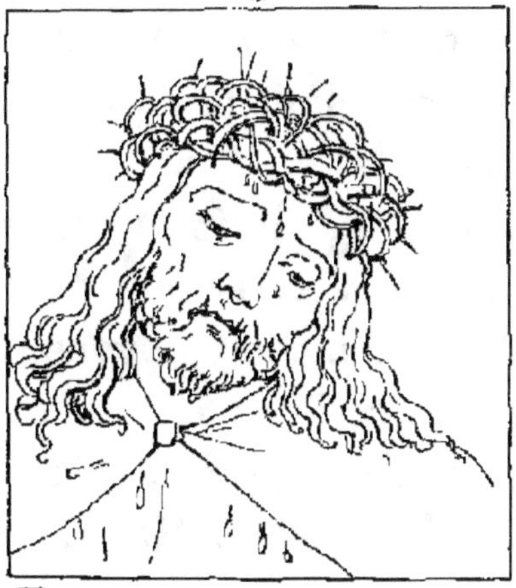

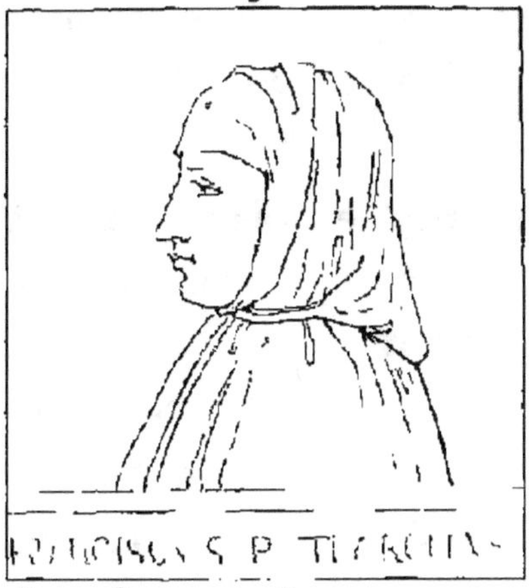

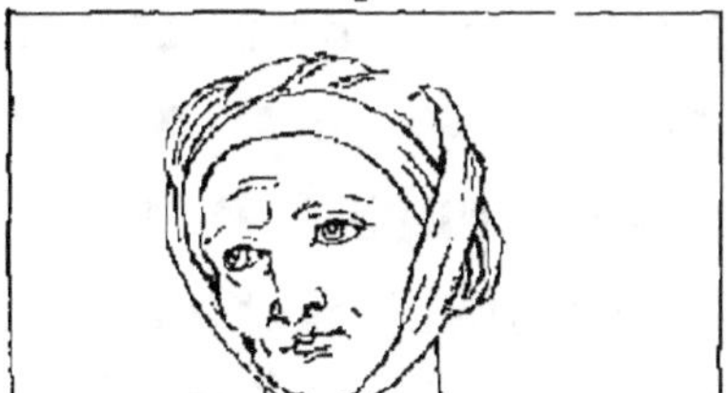

*Planche soixante-neuvième, contenant six sujets.* —
1. *Buste de Jésus ; par* Léonard de Vinci. 2. *Portrait d'un jeune Homme ; par le* Titien. 3. *Buste de Sainte ; par* Salviati. 4. *Tête du Sauveur, couronne d'épines ; auteur inconnu.* 5. *Portrait de Pétrarque ; par* Dosso Dossi. 6. *Portrait d'une vieille Femme ; par* Borgiani.

1. Buste de Jésus, à l'âge d'environ douze ans ; il est vu de face : sa tête est rayonnante, et ornée de longs cheveux bouclés qui retombent sur ses épaules. La forme des traits et le choix du costume semblent indiquer un portrait, et non une tête idéale Le catalogue de la galerie Giustiniani l'attribue à Léonard de Vinci. Nous n'y voyons guère d'autre rapport avec la manière de ce maître que dans la naïveté du caractère et le fini de l'exécution.

Peint sur bois. Hauteur 12 pouces ; largeur 10 pouces.

2. Portrait d'un jeune Homme, vu de trois quarts. Il est vêtu de noir, et porte sa main gauche sur sa poitrine. On le donne au Titien. Peint sur bois. Hauteur 11 pouces ; largeur 10 pouces.

3. Buste d'une Sainte. La tête, vue de trois-quarts, est ornée d'un voile qui descend sur les épaules. Joli tableau, d'un ton suave, d'une expression douce, et touché avec fermeté. Peint sur toile : 11 pouces de haut sur 10 large.

4. Tête du Sauveur, couronné d'épines. Il est vu de face, les yeux baissés, et absorbé dans la douleur. Peint sur bois. Hauteur 11 pouces, largeur 8 pouces.

5. Le portrait de Pétrarque, vu de profil. Peint sur bois : hauteur 11 pouces ; largeur 10 pouces.

6. Portrait d'une vieille Femme, par Borgiani. On connaît peu les ouvrages de ce peintre ; mais on sait qu'ils sont généralement soignés et étudiés. La tête, dont nous donnons ici le trait, joint au mérite du naturel la légèreté du pinceau. Peint sur toile. Hauteur 15 pouces ; largeur 10 pouces.

Horace Borgiani, peintre romain, est mort à l'âge de 38 ans, sous le pontificat de Paul V.

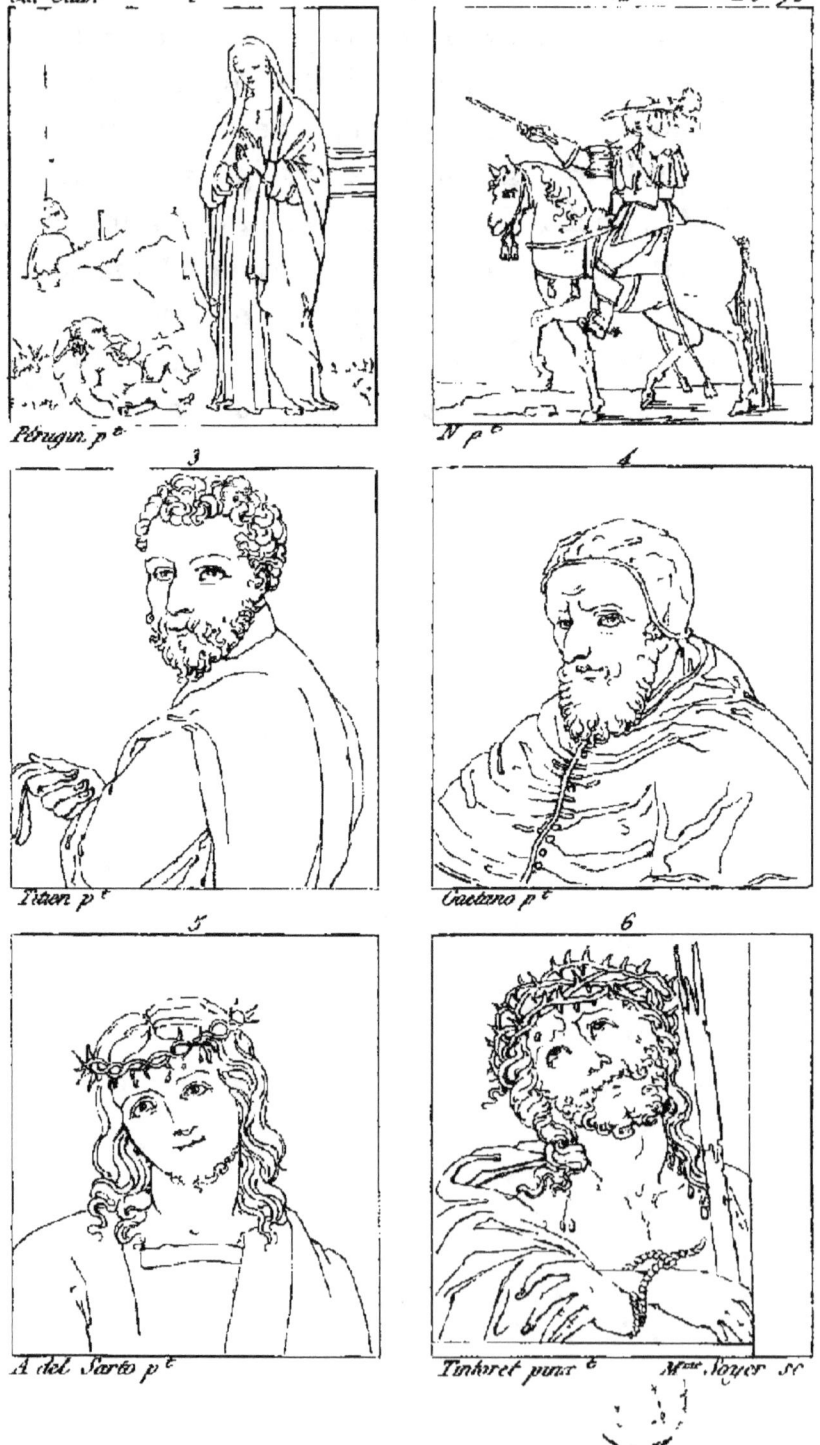

*Planche soixante-dixième, contenant six sujets.* — 1. *La Vierge; par* Pérugin. 2. *Portrait de Charles* III, *duc de Lorraine, à cheval; maître inconnu.* 3. *Portrait de Jean Calvin; par le* Titien. 4. *Portrait du pape Pie V; par* Gaëtano. 5. *Le Sauveur, couronné d'épines; par* André del Sarto. 6. *Le Christ au Roseau; par le* Tintoret.

1. La Vierge debout, les mains jointes, est en adoration devant son Fils. L'Enfant Jésus est couché par terre sur une draperie. Petit tableau peint sur bois, haut de 23 pouces, large de 18 pouces.

2. Le portrait de Charles III, duc de Lorraine. Il est représenté à cheval, et tenant le bâton de commandement. Cette petite figure, traitée avec soin, mais d'un pinceau sec, se détache sur un fond gris ardoise. Ce tableau, peint sur bois, a 11 pouces de haut sur 8 de large.

3. Le portrait de Jean Calvin; il est vu de trois-quarts, vêtu de noir, et tient un gant dans la main droite. Tableau attribué au Titien. Peint sur toile : hauteur 27 pouces, largeur 24. Il est le pendant du portrait de Luther, pl. 67 de ce volume, page 141.

4. Portrait du pape Pie V. Copie d'après Scipion Gaëtano. Peint sur bois : hauteur 24 pouces; largeur 18 pouces.

5. Le Sauveur, couronné d'épines. Attribué à André del Sarto. Peint sur toile, haut de 16 pouces, large de 13 pouces.

6. Le Christ au Roseau. Il est couronné d'épines, les

mains attachées, et couvert d'une draperie de pourpre. Cette tête est fort belle, et n'est pas moins admirable sous le rapport de l'expression que pour la force et la vérité du coloris et l'énergie du pinceau. Peint sur toile. Hauteur 18 pouces; largeur 12 pouces.

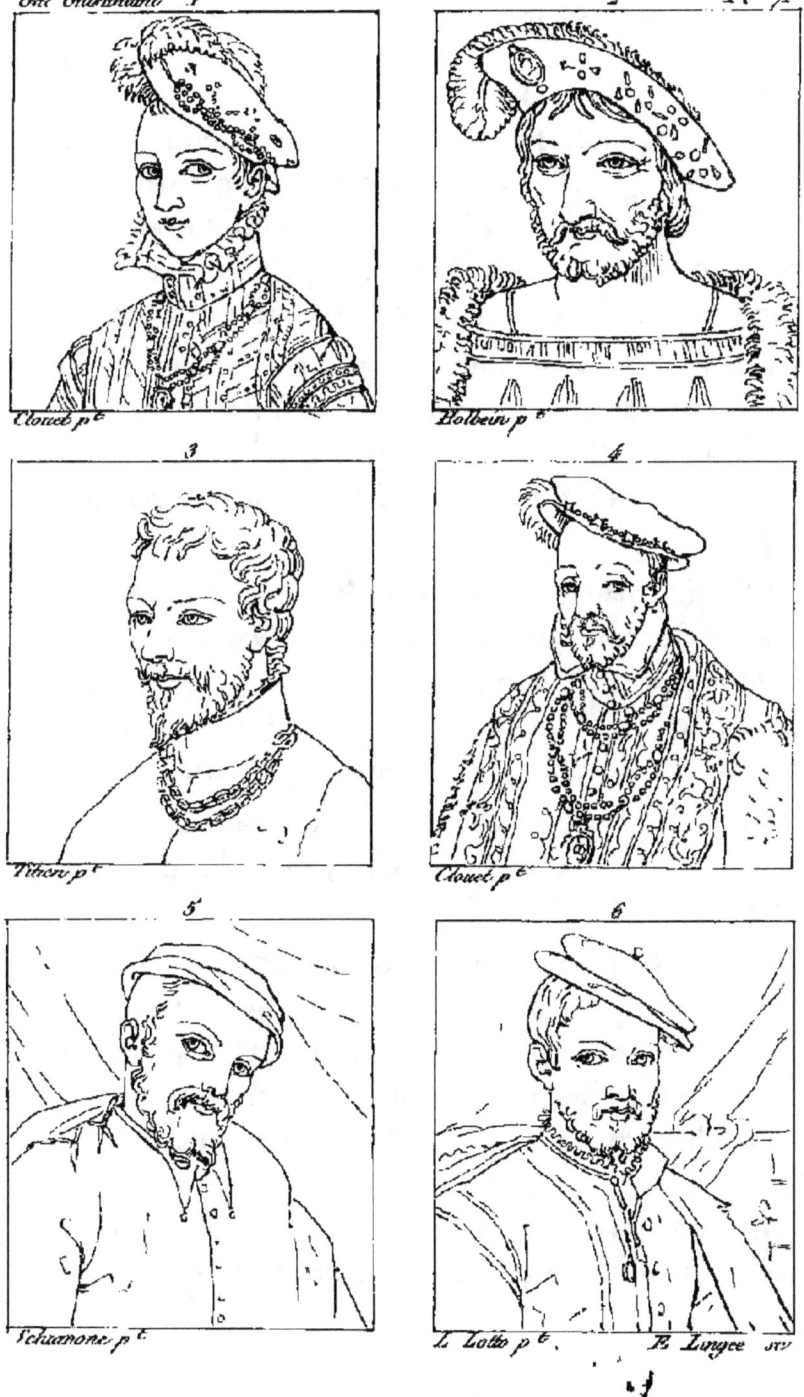

*Planche soixante-onzième.* — *Contenant six Portraits.*

1. Henri II, roi de France, peint par François Clouët, *dit* Jannet. Portrait en buste; l'habillement est brodé en or et en argent. Clouët, né en 1518, est mort en 1547. On voit au Musée Napoléon un portrait en pied de Henri II, par le même peintre. Celui-ci est sur bois, et a 16 pouces de haut sur 13 de large.

2 François I$^{er}$. Il est de face, la tête couverte d'une toque noire enrichie de perles et surmontée d'une plume blanche. Ce portrait, attribué à Holbein, est peint sur bois, et a 15 pouces de haut sur 12 pouces de large.

3. Palladio, par le Titien. Ce célèbre architecte est représenté de trois-quarts, ayant les cheveux bruns et la barbe roussâtre. Son habillement est noir, relevé d'une chaîne d'or, marque de distinction. Peint sur toile : hauteur 16 pouces ; largeur 10 pouces.

4. François II. Ce tableau est le pendant de celui de Henri II, n° 2 de cette planche, et de la main du même artiste.

5. André Schiavone, peint par lui-même. Il s'est représenté presque de face, la tête inclinée et coiffée d'une toque noire, qui laisse à découvert une partie de ses cheveux, ainsi que son oreille. Son habit est de même couleur que la toque, et le fond est un rideau vert, sur lequel cette tête, d'un ton fin et vrai, se détache d'une manière brillante et vigoureuse. Peint sur toile : hauteur 17 pouces ; largeur 14 pouces.

Peu d'artistes ont apporté en naissant d'aussi heureuses dispositions qu'André Schiavone, surnommé *Médula*. Mais, étant né de parens pauvres, il n'eut d'autres moyens pour s'instruire dans la peinture, que de servir les peintres les plus médiocres. Le Titien l'ayant remarqué, l'employa avec quelques autres artistes aux ouvrages de la bibliothèque de Saint-Marc. Il peignit, concurremment avec le Tintoret. Ce dernier lui rendait justice, et se plaisait à l'aider dans ses travaux, pour tâcher de saisir sa manière de peindre et son coloris. Schiavone fut un dessinateur médiocre; il avait été privé de cette première instruction, sans laquelle les artistes les plus heureusement nés ne parviennent point au beau style; mais il posséda toutes les autres parties de son art. Né à Venise en 1522, Schiavone mourut en 1582, âgé de 60 ans.

6. Portrait de Lorenzo Lotto, peint par lui-même. Ce buste, d'un ton vrai et d'un pinceau fini, se détache vigoureusement sur le rideau d'un rouge clair qui lui sert de fond. Le personnage est vêtu de noir. Ce portrait est le pendant du précédent.

Lorenzo Lotto est un des peintres les plus recommandables de l'Ecole vénitienne. Nous regrettons que les bornes de cet article de nous permettent pas de donner ici un abrégé de sa vie, et quelques observations sur ses ouvrages.

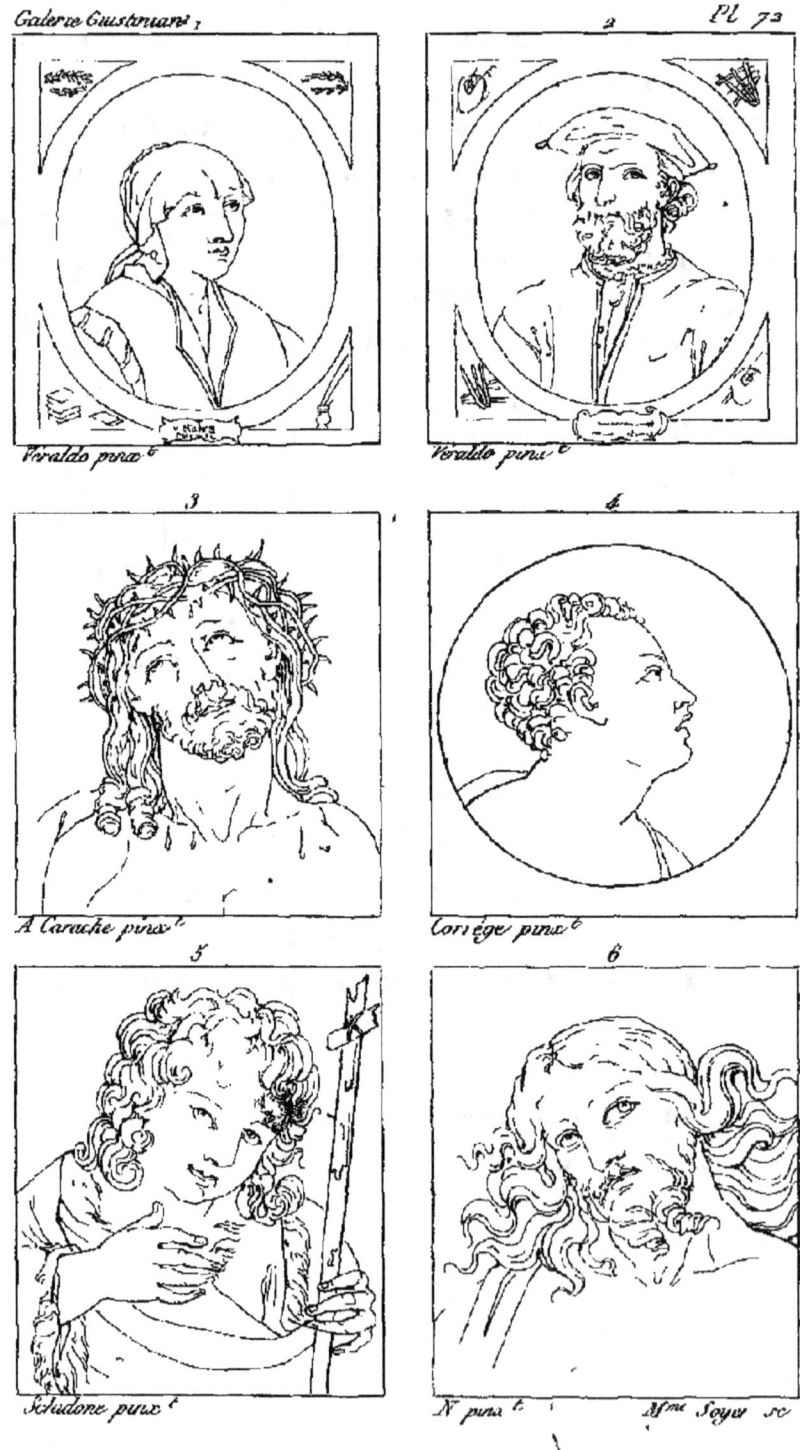

*Planche soixante-douzième.* — *contenant six Sujets, savoir : deux Portraits ; deux têtes de Christ ; une de l'Enfant Jésus ; une de S. Jean.*

1. Portrait de Vittoria Colonna, veuve du marquis Pescara. Cette dame, célèbre par ses vertus et par ses talens, est représentée dans sa vieillesse. Une inscription la fait reconnaître, et indique le nom du peintre, Véraldo, dont les historiens que nous avons consultés ne font pas mention.

2. Le portrait de Véraldo, peint par lui-même, et que l'artiste aura voulu associer à celui de cette dame illustre, qui probablement était sa protectrice. Ces deux tableaux, peints sur toile, ont chacun 24 pouces de haut sur 18 pouces de large.

3. Buste du Christ, couronné d'épines ; d'un bon caractère de dessin, et attribué à Annibal Carache. Peint sur toile : hauteur 18 pouces ; largeur 14 pouces.

4. Tête de l'Enfant Jésus, par le Corrège. Peint sur bois : diamètre 7 pouces. Etude charmante, lumière large, finesse de caractère, de touche et de coloris.

5. Buste du petit S. Jean. Il tient la croix de la main gauche, et porte l'autre main sur sa poitrine. Peu de noblesse dans le caractère ; la main droite mal dessinée ; pinceau moelleux ; couleur harmonieuse. Ce petit tableau, attribué au Schidone, est peint sur bois, et a 12 pouces de haut sur 9 pouces de large.

6 Buste du Sauveur, représenté de face, la tête inclinée sur l'épaule droite, et d'une expression très-noble. Cette belle étude, dont l'auteur avait été inconnu jusqu'à ce jour, est attribuée au Corrège. Elle est remarquable par le grandiose du caractère, par la légèreté du ton et la grâce du pinceau.

Peint sur toile : hauteur 15 pouces ; largeur 12 pouces.

*Planche soixante-treizième et dernière.* — *Contenant six Sujets.*

1. Judith, portant la tête d'Holopherne; par André Mantegna Tableau rare pour la fermeté et la finesse de l'exécution, la netteté de l'ensemble et la vivacité des teintes, sur-tout dans les draperies. Peint sur bois : hauteur 16 pouces; largeur 11 pouces.

2. S. François à l'entrée de sa grotte; par Jérôme Santa-Croce, peintre vénitien, qui florissait en 1530. Tableau d'une composition originale; les figures sont d'un bon goût; le paysage est fin de ton et touché librement. Peint sur bois : 20 pouces de haut sur 16 de large.

3. Portrait d'un Guerrier; par Gaspard Netscher, de l'Ecole flamande. Peint sur toile : hauteur 18 pouces; largeur 14 pouces.

4. Portrait de Femme; par Jean Grasdorp. Mêmes dimensions que le précédent.

5. Le buste du Sauveur. Très-belle étude, d'un grand caractère, d'une grande simplicité de ton, et d'un effet vigoureux. Ce morceau précieux rappelle le pinceau de Léonard de Vinci ou de Raphael. Le catalogue de la galerie Giustiniani le donne à ce dernier maître. Peint sur bois : hauteur 24 pouces; largeur 18 pouces.

6. Portrait de Giorgion, jouant de la guitarre, peint par lui-même. Sur bois : hauteur 20 pouces; largeur 16 pouces.

*Fin de la Galerie Giustiniani.*

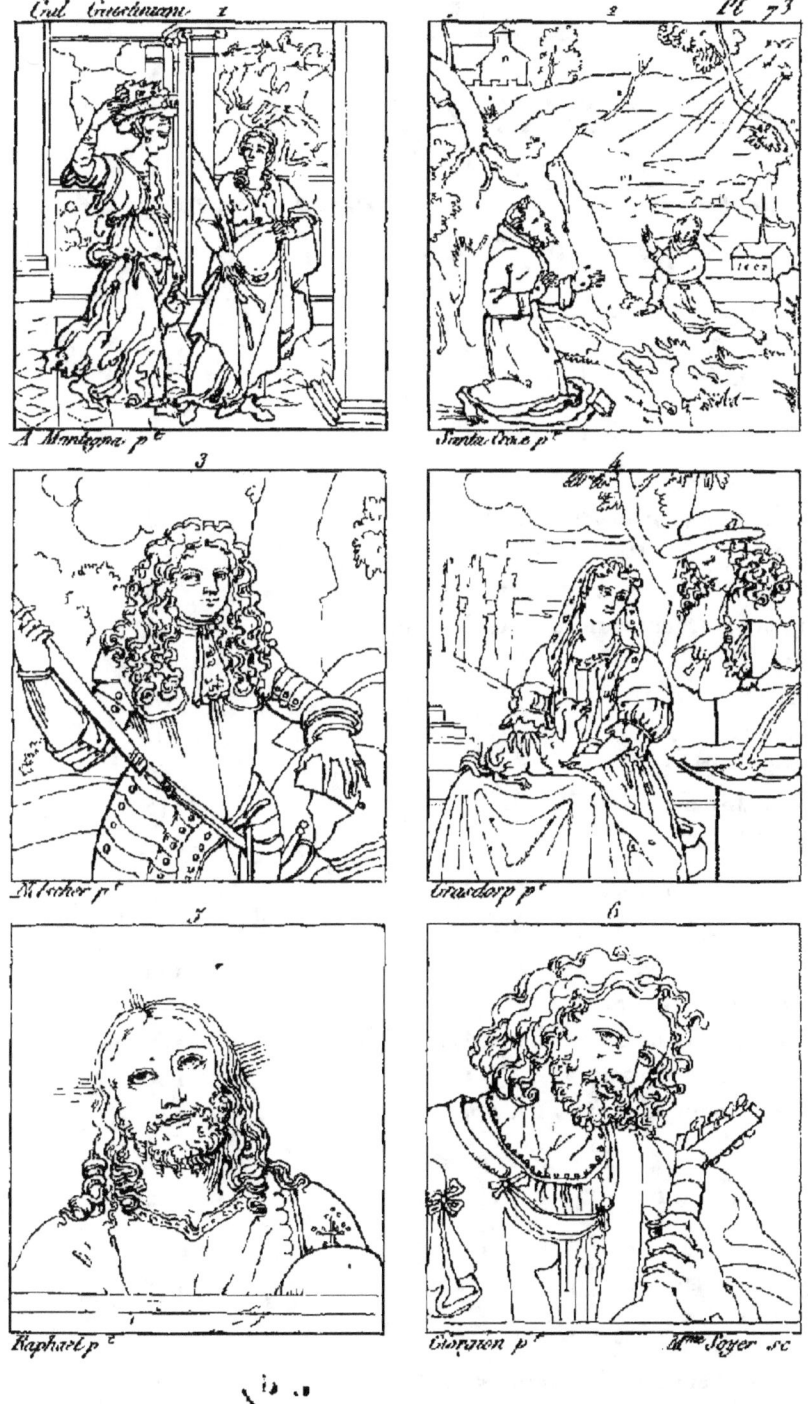

# TABLE
## DES PLANCHES

*De la Galerie Giustiniani, au nombre de cent cinquante-cinq Tableaux.*

### ÉCOLE ITALIENNE.

#### ALBANI.

| | |
|---|---:|
| La Cène. Planche 27. | *Page* 61 |
| Jesus-Christ dans sa gloire. Pl. 33. | 73 |
| La Vierge dans le Ciel. Pl. 33. | 73 |
| S. Pierre, tenant les clefs. Pl. 34. | 75 |
| S. Jean-Baptiste, précurseur de J. C. Pl. 34. | 75 |
| S. Barthelemy. Pl. 35. | 77 |
| S. Simon. Pl. 37. | 81 |
| S. André. Pl. 37. | 81 |
| S. Judas Thadée. Pl. 40. | 87 |
| Le Baptême de Jésus-Christ. Pl. 54. | 115 |
| Sainte Agnès. Pl. 63. | 133 |

#### ANDRÉ DEL SARTO.

| | |
|---|---:|
| La sainte Famille. Pl. 41. | 89 |
| La sainte Famille. Pl. 52. | 111 |
| Le petit S. Jean nu. Pl. 61. | 129 |
| Portrait d'une Femme et de son Enfant. Pl. 65. | 137 |
| La Vierge assise dans un paysage. Pl. 66. | 139 |
| Le Sauveur, couronné d'épines. Pl. 70. | 147 |

#### BONZI.

| | |
|---|---:|
| Portrait de Bonzi. Pl. 62. | 131 |

#### BORGIANI.

| | |
|---|---:|
| Buste d'une vieille Femme. Pl. 69. | 145 |

#### CAMPINO.

| | |
|---|---:|
| J. C. chassant les vendeurs du Temple. Pl. 7. | 21 |

*Gal. Giust.*

## CARACHE (Louis).

| | |
|---|---|
| La Multiplication des Pains. Pl. 9. | *Page* 25 |
| Le Christ mort. Pl. 46. | 99 |
| Le denier de César. Pl. 55. | 117 |
| S. Charles en prière. Pl. 56. | 119 |
| La Vierge en repos. Pl. 61. | 129 |

## CARACHE (Augustin).

| | |
|---|---|
| S. Mathieu. Pl. 65. | 137 |

## CARACHE (Annibal).

| | |
|---|---|
| Le Christ en croix. Pl. 10. | 27 |
| S. Paul. Pl. 35. | 77 |
| S. Jacques le Majeur. Pl. 36. | 79 |
| S. Philippe. Pl. 38. | 83 |
| S. Mathieu. Pl. 39. | 85 |
| La sainte Famille. Pl. 41. | 89 |
| Buste du Christ, couronné d'épines. Pl. 72. | 151 |

## CARAVAGE (Michel-Ange de).

| | |
|---|---|
| S. Mathieu écrivant son évangile. Pl. 11. | 29 |
| Jésus-Christ au Jardin des Olives. Pl. 12. | 31 |
| L'Amour profane. Pl. 13. | 33 |
| L'Amour divin. Pl. 14. | 35 |
| Le Christ au tombeau. Pl. 30. | 67 |
| L'Incrédulité de S. Thomas. Pl. 44. | 95 |
| Tête de caractère. Pl. 58. | 123 |
| Portrait de Femme. Pl. 64. | 135 |

## CARLETTO.

| | |
|---|---|
| La Femme adultère. Pl. 46. | 99 |

## CAROSELLI.

| | |
|---|---|
| Deux demi-Figures. Pl. 43. | 93 |

## CONTARINO.

| | |
|---|---|
| Le Sauveur, couronné d'épines. Pl. 63. | 133 |

## CORRÈGE.

| | |
|---|---|
| Tête de l'Enfant Jésus. Pl. 72. | 151 |
| Buste du Sauveur. Pl. 72. | 151 |

### CRESTI.

| | |
|---|---|
| Le Christ, couronné d'épines. Pl. 59. | *Page* 125 |
| S. François. Pl. 62. | 131 |

### DANIEL DE VOLTERRE.

| | |
|---|---|
| Vénus assise dans un paysage. Pl. 42. | 91 |

### DELLA PORTA (Fra Bartolomeo).

| | |
|---|---|
| La sainte Famille. Pl. 60. | 127 |

### DESUBLEO.

| | |
|---|---|
| Susanne surprise au bain. Pl. 17. | 41 |

### DOMINIQUIN.

| | |
|---|---|
| S. Jacques le Majeur. Pl. 36. | 79 |
| S. Thomas. Pl. 38. | 83 |
| S. Jean l'évangéliste. Pl. 39. | 85 |

### DONDUCCI.

| | |
|---|---|
| Didon. Pl. 65. | 137 |

### DOSSO DOSSI.

| | |
|---|---|
| S. Jérôme à l'entrée de sa grotte. Pl. 59. | 125 |
| Portrait de Pétrarque. Pl. 69. | 145 |

### FRANCIA.

| | |
|---|---|
| La Vierge et l'Enfant Jésus. Pl. 47. | 101 |
| L'Enfant Jésus donnant sa bénédiction. Pl. 48. | 103 |
| Demi-Figure de Femme. Pl. 59. | 125 |
| La Vierge et l'Enfant Jésus. Pl. 67. | 141 |

### FRANCUCCI.

| | |
|---|---|
| Le Mariage de sainte Catherine. Pl. 49. | 105 |
| La sainte Famille. Pl. 49. | 105 |

### GAETANO.

| | |
|---|---|
| Le Sommeil de l'Enfant Jésus. Pl. 40. | 87 |

#### *D'après Gaëtano.*

| | |
|---|---|
| Portrait du pape Pie V. Pl. 70. | 147 |

### GAROFOLO.

| | |
|---|---|
| L'Annonciation. Pl. 60. | 127 |

### GIORGION.

| | |
|---|---|
| Hérodiade. Pl. 59. | *Page* 125 |
| Une Sibylle, vue à mi-corps. Pl. 61. | 129 |
| Portrait du Giorgion. Pl. 73. | 152 |

### GUERCHIN.

| | |
|---|---|
| La Vierge et l'Enfant Jésus. Pl. 68. | 143 |

### GUIDO RENI.

| | |
|---|---|
| S. Antoine et S. Paul, hermites, et la Vierge. Pl. 15. | 37 |

### IMOLA (François d')

| | |
|---|---|
| La Vierge, l'Enfant Jésus et S. Joseph. Pl. 65. | 137 |

### JULES ROMAIN.

| | |
|---|---|
| Le Mariage de sainte Catherine. Pl. 32. | 71 |
| Vénus sur un lit de draperies. Pl. 50. | 107 |
| Portrait de Jules II. Pl. 68. | 143 |

### LANFRANC.

| | |
|---|---|
| S. Pierre dans le désert. Pl. 53. | 113 |

### LÉONARD DE VINCI.

| | |
|---|---|
| Buste de Jésus. Pl. 69. | 145 |

### LOTTO (Lorenzo).

| | |
|---|---|
| Portrait de Lorenzo Lotto. Pl. 71. | 149 |

### LUINI (Bernardino).

| | |
|---|---|
| La sainte Famille. Pl. 60. | 127 |

### MANFREDI.

| | |
|---|---|
| J. C. à Emmaüs. Pl. 16. | 39 |

### MANTÈGNE.

| | |
|---|---|
| Judith portant la tête d'Holopherne. Pl. 73. | 152 |

### MICHEL ANGE.

| | |
|---|---|
| L'Enlèvement de Ganimède. Pl. 42. | 91 |

### PALMÉGIANI.

| | |
|---|---|
| Le Sauveur couronné d'épines. Pl. 64. | 135 |

### PARMESAN.

| | |
|---|---|
| Groupe de cinq têtes d'Anges. Pl. 60. | 127 |

### DES MATIÈRES.

#### PELLEGRINI.

| | |
|---|---|
| La Visitation. Pl. 56. | Page 119 |

#### PENNI.

| | |
|---|---|
| Le Mariage de la Vierge. Pl. 3. | 13 |

#### PÉRUGIN.

| | |
|---|---|
| La Vierge et l'Enfant Jésus. Pl. 61. | 129 |
| La Vierge et l'Enfant Jésus. Pl. 63. | 133 |
| La Vierge représentée debout. Pl. 70. | 147 |

#### PERUZZI.

| | |
|---|---|
| L'Adoration des Mages. Pl. 2. | 11 |

#### PIAZETTA.

| | |
|---|---|
| Figure à mi-corps d'une vieille Femme. Pl. 64. | 135 |
| Vieillard vu presqu'à mi-corps. Pl. 64. | 135 |
| Portrait d'un Homme en habit d'ouvrier. Pl. 67. | 141 |

#### PROCACCINI (Camille).

| | |
|---|---|
| Le Repos de la sainte Famille. Pl. 47. | 101 |
| La sainte Famille. Pl. 48. | 103 |

#### RAPHAEL.

| | |
|---|---|
| S. Jean ravi au ciel. Pl. 4. | 15 |
| Buste du Sauveur. Pl. 73. | 152 |

##### *D'après Raphael.*

| | |
|---|---|
| Le Réveil de l'Enfant Jésus. Pl. 67. | 141 |

#### RENIERI.

| | |
|---|---|
| Homère aveugle. Pl. 63. | 133 |
| Un Faune vu à mi-corps. Pl. 68. | 143 |

#### RIBERA.

| | |
|---|---|
| Archimède. Pl. 68. | 143 |

#### RONDANI.

| | |
|---|---|
| Le Repos de la sainte Famille. Pl. 51. | 109 |
| La Madeleine dans le désert. Pl. 51. | 109 |

#### ROSA (Salvator).

| | |
|---|---|
| S. Jérôme dans le désert. Pl. 54. | 115 |

## SALVIATI.

Buste de Sainte. Pl. 69. *Page* 145

## SANTA-CROCE (Jérôme).

S. François à l'entrée de sa grotte. Pl. 73. 152

## SARZANA.

Adoration des Bergers. Pl. 43. 93

## SASSO FERRATO.

La sainte Famille. Pl. 57. 121

## SCHIAVONE.

Portrait d'André Schiavone. Pl. 71. 149

## SCHIDONE.

Buste du petit S. Jean. Pl. 72. 151

## SÉBASTIEN (del Piombo).

La Femme adultère. Pl. 55. 117

## SIGNORELLI.

Le Christ descendu de la croix. Pl. 1. 9

## TINTORET.

Portrait d'André Navagero. Pl. 58. 123
Portrait de Sansovino. Pl. 62. 131
Le Christ au Roseau. Pl. 70. 147

## TITIEN.

Vénus assise sur un lit. Pl. 44. 95
La Vierge, l'Enfant Jésus, le petit S. Jean, etc. Pl. 45. 97
Portrait d'un Sénateur vénitien. Pl. 62. 131
Une Femme sortant du bain. Pl. 66. 139
Sainte Famille dans un paysage. Pl. 66. 139
Portrait de Luther. Pl. 67. 141
Portrait d'un jeune homme. Pl. 69. 145
Portrait de Calvin. Pl. 70. 147
Portrait de Palladio. Pl. 71. 149

## VANNI.

Baptême de Notre Seigneur. Pl. 5. 17

### VENEZIANO.

J. C. Chassant les vendeurs du Temple. Pl. 6.     *Page* 19

### VÉRALDO.

Portrait de Vittoria Colonna. Pl. 72.     151
Portrait de Gaudenzio Véraldo. Pl. 72.     151

### VÉRONÈSE (Alexandre).

La Charité. Pl. 8.     23

### VÉRONÈSE (Paul).

Le Christ descendu de la croix. Pl. 52.     111
La Madeleine. Pl. 53.     113

### ZUCCHERO.

Portrait de Femme. Pl. 66.     139

### *Maîtres inconnus.*

Buste du Sauveur couronné d'épines. Pl. 69.     145
Portrait de Charles III, duc de Lorraine, à cheval. Pl. 70.     147

# ÉCOLE FLAMANDE.

### DURER (Albert).

Jésus devant Pilate. Pl. 50.     107

### GRASDORP.

Portrait de Femme vue à mi-corps. Pl. 73.     152

### HOLBEIN.

Portrait de François I$^{er}$. Pl. 71.     149

### HONTHORST.

S. Pierre délivré de prison. Pl. 58.     123

### NETSCHER.

Portrait d'un Guerrier. Pl. 73.     152

### SANDRART.

La mort de Sénèque. Pl. 26.     59

### STODECKGEEST.

Péristyle d'un temple. Pl. 25.     57

## TABLE DES MATIÈRES.

### SUSTERMANS.

| | |
|---|---:|
| La mort de Socrate. Pl. 24. | Page 55 |

### SWANEVELT.

| | |
|---|---:|
| Paysage. Pl. 28. | 63 |

# ÉCOLE FRANÇAISE.

### CLOUET.

| | |
|---|---:|
| Portrait de Henri II. Pl. 71. | 149 |
| Portrait de François II. Pl. 71. | 149 |

### GELÉE (*dit* Claude le Lorrain).

| | |
|---|---:|
| Paysage. Pl. 29. | 65 |

### PERRIER.

| | |
|---|---:|
| La mort de Cicéron. Pl. 31. | 69 |

### POUSSIN.

| | |
|---|---:|
| Paysage. Pl. 19. | 45 |
| Le Frappement du rocher. Pl. 20. | 47 |
| Laban cherchant ses idoles. Pl. 21. | 49 |
| Agar dans le désert. Pl. 45. | 97 |
| Moïse enfant, assujetti aux épreuves demandées par les devins de Pharaon. Pl. 57. | 121 |

### VALENTIN.

| | |
|---|---:|
| Le Lavement des pieds. Pl. 22. | 51 |

### VIGNON.

| | |
|---|---:|
| Les Noces de Cana. Pl. 23. | 53 |

### VOUET.

| | |
|---|---:|
| La Salutation Angélique. Pl. 18. | 43 |

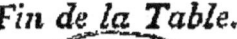

*Fin de la Table.*

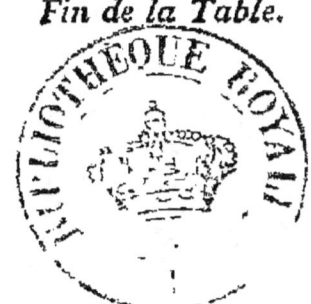

www.ingramcontent.com/pod-product-compliance
Lightning Source LLC
Chambersburg PA
CBHW052251220526
45471CB00001B/283